LA. MORT. DE. POMPÉE.

A. PARIS.

Chez A. De Sommauille & A. Courbé.
Au palles 1644

LA MORT
DE
POMPÉE.

TRAGÉDIE.

A PARIS,

Chez
{
ANTOINE DE SOMMAVILLE, en la Gallerie
des Merciers, à l'Escu de France.

&

AVGVSTIN COVRBE', en la mesme Gallerie,
à la Palme.
}
Au Palais.

M. DC. XLIV.
AVEC PRIVILEGE DV ROY.

A

MONSEIGNEVR

MONSEIGNEVR
L'EMINENTISSIME CARDINAL
MAZARIN.

ONSEIGNEVR,

Ie presente le grand Pompée à vostre Eminence , c'est à dire , le plus
grand personnage de l'ancienne Rome,
au plus illustre de la nouuelle. Ie mets
sous la protection du premier Ministre
de nostre ieune Roy , vn Heros qui

à iij

dans fa bonne fortune fut le protecteur de beaucoup de Rois, & qui dãs fa mauuaife eut encore des Rois pour fes Miniftres. Il efpere de la generofité de voftre Eminence qu'elle ne dédaignera pas de luy conferuer cette feconde vie que i'ay tafché de luy redonner, & que luy rendant cette Iuftice qu'elle fait rendre par tout le Royaume, elle le vangera pleinement de la mauuaife Politique de la Cour d'Egypte. Il l'efpere, & auec raifon, puifque dans le peu de fejour qu'il a fait en France, il a defia fceu de la voix publique, que les Maximes dont vous vous feruez pour la conduite de cet Eftat ne font point fondées fur d'autres principes que fur ceux de la vertu. Il a fceu d'elle les obligations que vous a la France de l'auoir choifie pour voftre fe-

conde mere, qui vous eſt d'autant plus
redeuable, que les grands ſeruices que
vous luy rendez ſont de purs effets de
voſtre inclination & de voſtre zele, &
non pas des deuoirs de voſtre naiſſance:
Il a ſceu d'elle que Rome s'eſt aquitée
enuers noſtre ieune Monarque de ce
qu'elle deuoit à ſes predeceſſeurs par le
preſent qu'elle luy a fait de voſtre per-
ſonne. Il a ſceu d'elle enfin que la ſolidi-
té de voſtre prudence, & la netteté de
vos lumieres enfantent des conſeils ſi
auantageux pour le Gouuernemẽt, qu'il
ſemble que ce ſoit vous à qui par vn eſprit de Prophetie noſtre Virgile ait
adreſſé ce vers il y a plus de ſeize ſiecles,
Tu regere imperio populos Romane, memento.
Voila, MONSEIGNEVR,
ce que ce grand homme a appris en ap-
prenant à parler François,
Pauca, ſed à pleno venientia pectore veri.

Et comme la gloire de V. E. eſt aſſez
aſſeurée ſur la fidelité de cette voix
publique , ie n'y meſleray point la
foibleſſe de mes penſées, ny la rudeſſe
de mes expreſſions, qui pourroient di-
minuer quelque choſe de ſon eſclat, &
ie n'ajouſteray rien aux celebres témoi-
gnages qu'elle vous rend, qu'vne pro-
fonde veneration pour les hautes quali-
tez qui vous les ont acquis, auec vne pro-
teſtation tres ſincere & tres inuiolable
d'eſtre toute ma vie,

MONSEIGNEVR,

De V. E.

Le tres-humble, tres-obeïſſant,
& tres-fidelle ſeruiteur,
CORNEILLE.

A
SON
EMINENCE·
REMERCIMENT·

N On, tu n'es point ingrate, ô Maiſtreſſe du
monde,
Qui de ce grand pouuoir ſur la terre, &
ſur l'onde,
Malgré l'effort des temps retiens ſur nos
Autels
Le ſouuerain Empire, & des droits immortels.
Si de tes vieux Heros i'anime la memoire,
Tu releues mon nom ſur l'aiſle de leur gloire,
Et ton noble Genie en mes vers mal tracé
Par ton nouueau Heros m'en a recompensé.

ẽ

C'eſt toy, grand Cardinal, ame au deſſus de l'hõme,
Rare don qu'à la France ont fait le Ciel & Rome,
C'eſt toy, diſie, ò Heros, ò cœur vrayement Romain,
Dont Rome en ma faueur vient d'emprunter la main.
Mon bon-heur n'a point eu de douteuſe apparence,
Tes dons ont deuancé meſme mon eſperance,
Et ton cœur genereux m'a ſurpris d'vn bienfait
Qui ne m'a pas couſté ſeulement vn ſouhait.
La grace en affoiblit quand il faut qu'on l'attende,
Tel penſe l'achepter alors qu'il la demande,
Et c'eſt ie ne ſçay quoy d'abaiſſement ſecret,
Où quiconque a du cœur ne conſent qu'à regret,
C'eſt vn terme honteux que celuy de priere,
Tu me l'as eſpargné, tu m'as fait grace entiere;
Ainſi l'honneur ſe meſle au bien que ie reçois,
Qui donne comme toy donne plus d'vne fois,
Son don marque vne eſtime, et plus pure, et plus pleine,
Il attache les cœurs d'vne plus forte chaiſne,
Et prenant nouueau prix de la main qui le fait
Sa façon de bien faire eſt vn ſecond bien-fait.

    Ainſi le grand Auguſte autrefois dans ta ville
Aymoit à preuenir l'attente de Virgile,
Luy que i'ay fait reuiure & qui reuit en toy
En vſoit enuers luy comme tu fais vers moy.

    Certes dans la chaleur que le Ciel nous inſpire,
Nos vers diſent ſouuent plus qu'ils ne penſent dire,
Et ce feu qui ſans nous pouſſe les plus heureux
Ne nous explique pas tout ce qu'il fait par eux.

Quand i'ay peint vn Horace, vn Augufte, vn Pompée,
Affez heureufement ma Mufe s'eft trompée,
Puifque fans le fçauoir, auecque leur portrait
Elle tiroit du tien vn admirable trait.
Leurs plus hautes vertus qu'eftale mon ouurage
N'y font que prendre vn rang pour former ton image,
Quand i'auray peint encor tous ces vieux conquerans,
Les Scipions vainqueurs, et les Catons mourans,
Les Pauls, les Fabiens, alors de tous enfemble
On en verra fortir vn tout qui te reffemble,
Et l'on raffemblera de leur pompeux debris
Ton ame & ton courage effars dans mes efcrits.
    Souffre donc que pour guide au trauail qui me refte
I'adjoufte ton exemple à cette ardeur Celefte,
Et que de tes vertus le portraict fans égal
S'acheue de ma main fur fon original;
Que i'eftudie en toy ces fentimens illuftres
Qu'à conferué ton fang à trauers tant de luftres,
Et que le Ciel propice & les deftins amis
De tes fameux Romains en ton ame ont tranfmis.
Alors de tes couleurs peignant leurs auantures,
I'en porteray fi haut les brillantes peintures,
Que ta Rome elle-mefme admirant mes trauaux
N'en reconnoiftra plus les vieux originaux,
Et fe plaindra de moy de voir fur eux grauées
Les vertus qu'à toy feul elle auoit referuées,
Cependant qu'à l'efclat de tes propres clartez,
Tu te reconnoiftras fous des noms empruntez.

ẽ ij

Mais ne te laſſe point d'illuminer mon ame,
Ny de preſter ta vie à conduire ma flame,
Et de ces grands ſoucis que tu prens pour mon Roy
Daigne encor quelquefois deſcendre iuſqu'à moy,
Delaſſe en mes écrits ta noble inquietude,
Et tandis que ſur elle appliquant mon eſtude
I'employeray pour te peindre & pour te diuertir
Les talens que le Ciel m'a voulu departir,
Reçois auec les vœux de mon obeiſſance
Ces vers precipitez, par ma reconnoiſſance.
L'impatient tranſport de mon reſſentiment
N'a peu pour les polir m'accorder vn moment,
S'ils ont moins de douceur, ils en ont plus de zele,
Leur rudeſſe eſt le ſceau d'vne ardeur plus fidelle,
Et ta bonté verra dans leur temerité
Auec moins d'ornement plus de ſincerité.

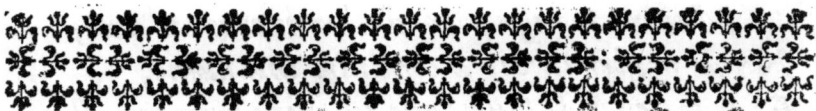

AV LECTEVR.

S I ie voulois faire icy ce que i'ay fait en mes deux derniers ouurages, & te donner le texte ou l'abregé des Autheurs dont cette Histoire est tirée, afin que tu peusses remarquer en quoy ie m'en serois écarté pour l'accommoder au Theatre, ie serois vn Auant-propos dix fois plus long que mon Poëme, & i'aurois à rapporter des Liures entiers de presque tous ceux qui ont escrit l'Histoire Romaine. Ie me contenteray de t'auertir que celuy dont ie me suis le plus serui à esté le Poëte Lucain, dont la lecture m'a rendu si amoureux de la force de ses pensées & de la majesté de son raisonnement, qu'àfin d'en enrichir nostre langue, i'ay fait cet effort pour reduire en Poëme Dramatique, ce qu'il a traité en Epique. Tu trouueras icy cent ou deux cens vers traduits ou imitez de luy, i'ay tasché de le suiure dans le reste, & de prendre son caractere quand son exemple m'a manqué. Si ie suis demeuré bien loin derriere, tu en iugeras. Cependant i'ay creu ne te déplaire pas de te donner icy trois passages qui ne viennent pas mal à mon sujet. Le premier est vn Epitaphe de Pompée, prononcé par Caton dans Lucain. Les deux autres sont deux peintures de Pompée & de Cesar, tirées de Velleius Paterculus. Ie les laisse en Latin, de peur que ma traduction n'oste trop de leur grace & de leur force, les Dames se les feront expliquer.

EPITAPHIVM
POMPEII MAGNI.

Cato apud Lucanum libro 9.

Iuis obit (inquit) multo maioribus impar
Noſſe modum iuris, ſed in hoc tamen vtilis æuo:
Cui non vlla fuit iuſti reuerentia, ſalua
Libertate potens, & ſolus plebe parata
Priuatus ſeruire ſibi, rectorque Senatus,
Sed regnantis erat: nil belli iure popoſcit,
Quæque dari voluit, voluit ſibi poſſe negari.
Immodicas poſſedit opes, ſed plura retentis
Intulit: inuaſit ferrum, ſed ponere norat:
Prætulit arma togæ, ſed pacem armatus amauit,
Iuuit ſumpta ducem, iuuit dimiſſa poteſtas.
Caſta domus, luxuque carens, corruptaque nunquam
Fortuna Domini, clarum & venerabile nomen
Gentibus, & multum noſtræ quod proderat vrbi.
Olim vera fides Sylla Marioque receptis
Libertatis obit, Pompeio rebus adempto
Nunc & ficta perit; non iam regnare pudebit,
Nec color imperij, nec frons erit vlla Senatus.
O felix, cui ſumma dies fuit obuia victo,
Et cui quærendos Pharium ſcelus obtulit enſes!
Forſitan in ſoceri potuiſſet viuere regno.
Scire mori ſors prima viris, ſed proxima cogi.
Et mihi, ſi fatis aliena in iura venimus,
Da talem, Fortuna, Iubam: non deprecor hoſti
Seruari, dum me ſeruet ceruice reciſa.

ICON POMPEII MAGNI.

Velleius Paterculus lib. 2.

FVit hic genitus matre Lucilia, ſtirpis Senatoriæ, forma excellens, non ea qua flos commendatur ætatis, ſed quæ ex dignitate conſtantiaque in illam conueniens amplitudinem, fortunam quoque eius ad vltimum vitæ comitata eſt diem: innocentia eximius, ſanctitate præcipuus, eloquentia medius; potentiæ quæ honoris cauſa ad eum deferretur, non vt ab eo occuparetur, cupidiſſimus: dux bello peritiſſimus; ciuis in toga (niſi vbi vereretur ne quem haberet parem) modeſtiſſimus: amicitiarum tenax, in offenſis exorabilis, in reconcilianda gratia fideliſſimus, in accipienda ſatisfactione facillimus; potentia ſua nunquam aut raro ad impotentiam vſus, pæne omnium votorum expers, niſi numeraretur inter maxima, in ciuitate libera dominaque gentiu, indignari, cum omnes ciues iure haberet pares, quemquam æqualem dignitate conſpicere.

ICON C. CÆSARIS.

Idem, Ibidem.

HIc nobiliſſima Iuliorum genitus familia, & quod inter omnes antiquiſſimos conſtabat, ab Anchiſe ac Venere ducens genus, forma omnium ciuium excellentiſſimus, vigore animi acerrimus, munificentia effuſiſſimus, animo ſuper humanam & naturam & fidem euectus, magnitudine cogitationum, celeritate bellandi, patientia periculorum, Magno illi Alexandro, ſed ſobrio, neque iracundo, ſimillimus: qui denique ſemper & ſomno & cibo in vitam, non in voluptatem vteretur.

ACTEVRS.

IVLES CESAR.

MARC ANTOINE.

CORNELIE, vefue de Pompée.

LEPIDE.

PTOLOMEE, Roy d'Egypte.

CLEOPATRE, Reyne d'Egypte.

PHOTIN, Gouuerneur du Roy d'Egypte.

ACHILLAS, Lieutenant general des armées du Roy
d'Egypte.

SEPTIME, Tribun Romain à la folde du Roy d'Egypte.

CHARMION, Dame d'honneur de la Reyne.

ACHOREE, Efcuyer de la Reyne.

TROVPE DE ROMAINS.

TROVPE D'EGYPTIENS.

La Scene est en Alexandrie, dans le Palais Royal
de Ptolomée.

Faute eschapée à l'Impreßion.

Page 13. vers 9. au lieu de monument, lifez, monuement.

LA MORT
DE POMPEE,
TRAGEDIE.
ACTE I.

SCENE PREMIERE.
PTOLOMEE, PHOTIN, ACHILLAS, SEPTIME.

PTOLOMEE.

E destin se declare, & nous venons d'entendre
Ce qu'il a resolu du beau-pere & du gendre :
Quand les Dieux estonés sébloient se partager,
Pharsale a decidé ce qu'ils n'osoient iuger.

A

Ses fleuues teints de sang, & rendus plus rapides
Par le débordement de tant de parricides,
Cet horrible debris d'Aigles, d'armes, de chars,
Sur ses champs empestés confusément espars,
Ces montagnes de morts priués d'honneurs supresmes
Que la Nature force à se vanger eux-mesmes,
Et de leurs troncs pourris exhale dans les vents
Dequoy faire la guerre au reste des viuans,
Sont les titres afreux dont le droit de l'espée
Iustifie Cesar & condamne Pompée.
Ce deplorable Chef du party le meilleur,
Que sa fortune lasse abandonne au malheur,
Deuient vn grand exemple, & laisse à la memoire
Des changements du sort vne effroyable histoire.
Il fuit, luy qui tousiours triomphant & vainqueur
Vit ses prosperités esgaler son grand cœur,
Il fuit, & dans nos ports, dans nos murs, dans nos villes,
Es contre son beau-pere ayant besoin d'aziles
Sa desroute orgueilleuse en cherche aux mesmes lieux
Où contre les Titans en trouuerent les Dieux.
Il croit que ce climat en despit de la guerre
Ayant sauué le Ciel, sauuera bien la Terre,
Et dans son desespoir à la fin se meslant
Pourra prester espaule au monde chancelant.
Ouy, Pompée auec luy porte le sort du monde,
Et veut que nostre Egypte en miracles seconde

Serue à sa liberté de sepulcre, ou d'appuy,
Et releue sa cheute, ou trebusche soubs luy.
C'est dequoy, mes amis, nous auons à resoudre,
Il apporte en ces lieux les palmes, ou la foudre,
S'il couronna le pere, il hazarde le fils,
Et nous l'ayant donnée il expose Memphis.
Il faut, ou receuoir, ou haster son supplice,
Le suiure, ou le pousser dedans le précipice,
L'vn me semble peu seur, l'autre peu genereux,
Et ie crains d'estre iniuste, & d'estre malheureux.
Quoy que ie face enfin, la fortune ennemie
M'offre bien des perils, ou beaucoup d'infamie;
C'est à moy de choisir, c'est à vous d'aduiser
A quel choix vos conseils me doiuent disposer,
Il s'agit de Pompée & nous aurons la gloire
D'acheuer de Cesar, ou troubler la victoire,
Et iamais Potentat n'a veu soubs le Soleil
Matiere plus illustre agiter son conseil.

PHOTIN.

Sire, quand par le fer les choses sont vuidées
La Iustice & le droit sont de vaines idées,
Et qui veut estre iuste en de télles saisons
Balance le pouuoir, & non pas les raisons.
Voyez donc vostre force, & regardez Pompée,
Sa fortune abbatuë, & sa valeur trompée,

LA MORT

Cefar n'eſt pas le ſeul qu'il fuye en cet eſtat,
Il fuit & le reproche & les yeux du Senat
Dont plus de la moitié piteuſement eſtale
Vne indigne curée aux vautours de Pharſale,
Il fuit Rome perduë, il fuit tous les Romains
A qui par ſa defaite il met les fers aux mains,
Il fuit le deſeſpoir des peuples & des Princes
Qui veut vanger ſur luy le ſang de leurs Prouinces,
Leurs Eſtats & d'argent & d'hommes eſpuiſez,
Leurs throſnes mis en cendre, & leurs ſceptres briſez,
Autheur des maux de tous, il eſt à tous en butte,
Et fuit le monde entier eſcraſé ſoubs ſa cheute;
Le defendrez vous ſeul contre tant d'ennemis?
L'eſpoir de ſon ſalut en luy ſeul eſtoit mis,
Luy ſeul pouuoit pour ſoy, cedez alors qu'il tombe,
Souſtiendrez vous vn faix ſoubs qui Rome ſuccombe,
Soubs qui tout l'Vniuers ſe trouue foudroyé,
Soubs qui le grand Pompée a luy-meſme ployé?
Quand on veut ſouſtenir ceux que le ſort accable
A force d'eſtre iuſte on eſt ſouuent coupable,
Et la fidelité qu'on garde imprudemment
Apres vn peu d'eſclat traiſne vn long chaſtiment,
Trouue vn noble reuers dont les coups inuincibles
Pour eſtre glorieux ne ſont pas moins ſenſibles.
Sire, n'attirez point le tonnerre en ces lieux,
Rangez vous du party des deſtins, & des Dieux,

Et sans les accuser d'iniustice, ou d'outrage,
Puis qu'ils font les heureux, adorez leur ouurage,
Quels que soient leurs decrets, declarez vous pour eux,
Et pour leur obeyr perdez le malheureux.
Pressé de toutes parts des coleres celestes
Il en vient dessus vous faire fondre les restes,
Et sa teste qu'à peine il a peu desrober
Toute preste de choir cherche auec qui tomber;
Sa retraite chez vous en effet n'est qu'vn crime,
Elle marque sa haine, & non pas son estime,
Il ne vient que vous perdre en venant prendre port,
Et vous pouuez douter s'il est digne de mort!
Il deuoit mieux remplir nos vœux & nostre attente,
Faire voir sur ses nefs la victoire flottante,
Il n'eust icy trouué que ioye & que festins,
Mais puis qu'il est vaincu, qu'il s'en prêne aux destins,
I'en veux à sa disgrace & non à sa personne,
I'execute à regret ce que le Ciel ordonne,
Et du mesme poignard pour Cesar destiné
Ie perce en souspirant son cœur infortuné.
Vous ne pouuez enfin qu'aux despens de sa teste
Mettre à l'abry la vostre & parer la tempeste:
Laissez nommer sa mort vn iniuste attentat,
La iustice n'est pas vne vertu d'Estat,
Le choix des actions ou mauuaises ou bonnes
Ne fait qu'aneantir la force des Couronnes

Le droit des Rois consiste à ne rien espargner,
La timide equité destruit l'art de regner,
Quãd on craint d'estre iniuste, on a tousiours à craindre,
Et qui veut tout pouuoir doit oser tout enfraindre,
Fuir comme vn deshonneur la vertu qui le perd,
Et voler sans scrupule au crime qui le sert.
C'est là mon sentiment, Achillas & Septime
S'attacheront peut-estre à quelque autre maxime,
Chacun a son aduis, mais quel que soit le leur,
Qui frappe le vaincu ne craint point le vainqueur.

ACHILLAS.

Sire, Photin dit vray, mais quoy que de Pompée
Ie voye & la fortune & la valeur trompée,
Ie regarde son sang comme vn sang precieux
Qu'au milieu de Pharsale ont respecté les Dieux.
Non qu'en vn coup d'Estat ie n'approuue le crime,
Mais s'il n'est necessaire il n'est point legitime,
Et quel besoin icy d'vne extreme rigueur?
Qui n'est point au vaincu ne craint point le vainqueur,
Neutre iusqu'à present, vous pouuez l'estre encore,
Vous pouuez adorer Cesar, si l'on l'adore,
Mais quoy que vos encens le traitent d'immortel
Ceste grande victime est trop pour son Autel,
Et sa teste immolée au Dieu de la victoire
Imprime à vostre nom vne tache trop noire,

Ne le pas secourir suffit sans l'opprimer.
En vsant de la sorte on ne vous peut blasmer,
Vous luy deuez beaucoup, par luy Rome animée
A fait rendre le sceptre au feu Roy Ptolomée,
Mais la recognoissance & l'hospitalité
Sur les ames des Rois n'ont qu'vn droit limité :
Quoy que doiue vn Monarque, & deust il sa couronne,
Il doit à ses suiets encor plus qu'à personne,
Et cesse de deuoir quand la debte est à vn rang
Qu'il ne peut acquiter qu'aux despens de leur sang.
S'il est iuste d'ailleurs que tout se considere,
Que hazardoit Pompée en seruant vostre pere ?
Il se voulut par là faire voir tout-puissant,
Et vit croistre sa gloire en le restablissans.
Il le seruit en fin, mais ce fut de la langue,
La bourse de Cesar fit plus que sa harangue,
Sans ses mille talens, Pompée & ses discours
Pour rentrer en Egipte estoient vn froid secours.
Qu'il ne vante donc plus ses merites friuoles,
Les effets de Cesar valent bien ses paroles,
Et si c'est vn bienfait qu'il faut rendre auiourd'huy,
Comme il parla pour vous, vous parlerez pour luy.
Ainsi vous le pouuez & deuez recognoistre,
Le receuoir chés vous c'est receuoir vn maistre
Qui tout vaincu qu'il est brauant le nom de Roy
Dans vos propres Estats vous donneroit la loy.

Fermés luy donc vos ports, mais espargnez sa teste,
S'il le faut toutefois ma main est toute preste,
Ie sçais obeyr, Sire, & ie serois jaloux
Qu'autre bras que le mien portast les premiers coups.

SEPTIME.

Sire, ie suis Romain, ie cognoy l'vn & l'autre,
Pompée a besoin d'ayde, il vient chercher la vostre,
Vous pouuez comme maistre absolu de son sort
Le seruir, le chasser, le liurer vif, ou mort :
Des quatre le premier vous seroit trop funeste,
Souffrez donc qu'en deux mots jexamine le reste.
Le chasser, c'est vous faire vn puissant ennemy,
Sans obliger par là le vainqueur qu'à demy,
Puisque c'est luy laisser & sur mer & sur terre
La suite d'vne longue & difficile guerre,
Dont peut estre tous deux esgalement lassez
Se vangeroient sur vous de tous les maux passez.
Le liurer à Cesar n'est que la mesme chose,
Il luy pardonnera s'il faut qu'il en dispose,
Et s'armant à regret de generosité
D'vne fausse clemence il fera vanité,
Heureux de l'asseruir en luy donnant la vie,
Et de plaire par là mesme à Rome asseruie,
Cependant que forcé despargner son riual
Aussi bien que Pompée il vous voudra du mal.

Il faut

Il faut le deliurer du peril & du crime,
Asseurer sa puissance & sauuer son estime,
Et du party contraire en ce grand Chef destruit
Prendre sur vous la honte, & luy laisser le fruict.
C'est-là mon sentiment, ce doit estre le vostre,
Par là vous gaignez l'vn, & ne craignez plus l'autre,
Mais suiuant d'Achillas le conseil hazardeux
Vous n'en gaignez pas vn, & les perdez tous deux.

PTOLOMEE.

N'examinons donc plus la iustice des causes,
Et cedons au torrent qui traisne toutes choses,
Ie passe au plus de voix, & de mon sentiment
Ie veux bien auoir part à ce grand changement.
Assez & trop long-temps l'arrogance de Rome
A crû qu'estre Romain c'estoit estre plus qu'homme,
Abatons sa superbe auec sa liberté,
Dans le sang de Pompée esteignons sa fierté,
Tranchons l'vnique espoir où tant d'orgueil se fonde,
Et donnons vn Tyran à ces tyrans du monde,
Consentons au destin qui les veut mettre aux fers,
Et prestons luy la main pour vanger l'Vniuers.
Rome, tu seruiras, & ces Roys que tu braues,
Et que ton insolence ose traitter d'esclaues,
Adoreront Cesar auec moins de douleur,
Puis qu'il sera ton maistre aussi bien que le leur.

B

Allez donc Achillas, allez auec Septime
Nous immortaliser par cét illustre crime,
Qu'il plaise au Ciel ou non, laissez m'en le soucy,
Ie croy qu'il veut sa mort, puis qu'il l'amene icy.

ACHILLAS.

Sire, ie croy tout iuste alors qu'vn Roy l'ordonne.

PTOLOMEE.

Allez, & hastez vous d'asseurer ma couronne,
Et vous ressouuenez que ie mets en vos mains
Le destin de l'Egipte, & celuy des Romains.

SCENE II.

PTOLOMEE, PHOTIN.

PTOLOMEE.

PHotin, ou ie me trompe, ou ma sœur est deceuë,
De l'abord de Pompée elle espere autre issuë,
Sçachant que de mon pere il a le testament
Elle ne doute point de son couronnement,
Elle se croit desia souueraine maistresse
D'vn sceptre partagé que sa bonté luy laisse,

Et se promettant tout de leur vieille amitié
De mon Trosne dans l'ame elle prend la moitié,
Ou de son vain orgueil les cendres r'allumees
Poussent desia dans l'air de nouuelles fumees.

PHOTIN.

Sire, c'est vn motif que ie ne disois pas
Qui deuoit de Pompée aduancer le trespas,
Sans doute il iugeroit de la sœur & du frere
Suiuant le testament du feu Roy vostre Pere,
Son hoste & son amy qui s'en voulut saisir,
Iugez apres cela de vostre desplaisir.
Ce n'est pas que ie vueille en vous parlant contre elle
Rompre les sacrez nœuds d'vne amour fraternelle,
Du Trosne, & non du cœur ie la veux esloigner,
Car c'est ne regner pas qu'estre deux à regner,
Vn Roy qui s'y resout est mauuais Politique,
Il destruit son pouuoir quand il le communique,
Et les raisons d'Estat ... mais, Sire, la voicy.

SCENE III.

PTOLOMEE, CLEOPATRE, PHOTIN,

CLEOPATRE.

SIRE, Pompée arriue, & vous estes icy!

PTOLOMEE.

J'attens dans mon Palais ce guerrier magnanime,
Et luy viens d'enuoyer Achillas, & Septime.

CLEOPATRE

Quoy ? Septime à Pompée! à Pompée Achillas!

PTOLOMEE.

Si ce n'est assez d'eux, allez, suiuez leurs pas.

CLEOPATRE.

Donc pour le receuoir c'est trop que de vous mesme ?

PTOLOMEE.

Ma sœur, ie doibs garder l'honneur du Diadéme.

CLEOPATRE.

Si vous en portez vn, ne vous en souuenez
Que pour baiser la main de qui vous le tenez,
Que pour en faire hômage aux pieds d'vn si grãd hôme.

PTOLOMEE.

Au sortir de Pharsale est-ce ainsi qu'on le nomme?

CLEOPATRE.

Fust il dans son malheur de tous abandonné,
Il est tousiours Pompée, & vous a couronné.

PTOLOMEE.

Il n'en est plus que l'ombre, & couronna mon pere
Dont l'ombre & non pas moy luy doit ce qu'il espere,
S'il veut, il peut aller dessus son mouuement
Receuoir ses deuoirs & son remerciment.

CLEOPATRE.

Apres vn tel bien fait, c'est ainsi qu'on le traicte!

PTOLOMEE.

Ie men souuiens, ma sœur, & ie voy sa deffaite.

CLEOPATRE.

Vous la voyez de vray, mais d'vn œil de mespris.

PTOLOMEE.

Le temps de chaque chose ordonne & fait le prix,
Vous qui l'estimez tant, allez luy rendre hommage,
Mais songez qu'au port mesme il peut faire naufrage.

CLEOPATRE.

Il peut faire naufrage, & mesme dans le port!
Quoy? vous auriez osé luy preparer la mort?

PTOLOMEE.

I'ay fait ce que les Dieux m'ont inspiré de faire,
Et que pour mon Estat i'ay iugé necessaire.

CLEOPATRE

Ie ne le voy que trop, Photin, & ses pareils
Vous ont empoisonné de leurs lâches conseils,
Ces ames que le Ciel ne forma que de boüe.....

PHOTIN.

Ce sont de nos conseils, ouy, Madame, & i'aduoüe..

CLEOPATRE.

Photin, ie parle au Roy, vous respondrez pour tous
Quand ie m'abaisseray iusqu'à parler à vous.

PTOLOMEE.

Il faut, vn peu souffrir de cette humeur hautaine,
Ie sçay vostre innocence, & ie cognoy sa hayne;
Apres tout, c'est ma sœur, oyez sans repartir.

CLEOPATRE.

S'il est, Sire, encor temps de vous en repentir,
Affranchissez vous d'eux & de leur tyrannie,
Rappellez la vertu par leurs conseils bannie,
Ceste haute vertu dont le Ciel & le sang
Enflent tousiours les cœurs de ceux de nostre rang.

PTOLOMEE.

Quoy? d'vn friuole espoir desia preoccupée
Vous me parlez en Reyne en parlant de Pompée,
Et d'vn faux zele ainsi vostre orgueil reuestu
Fait agir l'interest soubs le nom de vertu?
Confessez-le, ma sœur, vous sçauriez-vous en taire
N'estoit le testament du feu Roy nostre Pere,
Vous sçauez, qu'il le garde.

CLEOPATRE.

                            Et vous sçaurez aussi
Que la seule vertu me fait parler ainsi,
Et que si l'interest m'auoit preoccupée,
I'agirois pour Cesar, & non pas pour Pompée.

Apprenez, vn secret que ie voulois cacher,
Et cessez desormais de me rien reprocher.
Quand ce peuple insolent qu'enferme Alexandrie
Fit quitter au feu Roy son Trosne & sa patrie,
Et que par ces mutins chassé de son Estat
Il fut iusques à Rome implorer le Senat,
Il nous mena tous deux pour toucher son courage,
Vous assez ieune encor, moy desia dans vn aage
Ou ce peu de beauté que m'ont donné les Cieux
D'vn assez vif esclat faisoit briller mes yeux.
Cesar en fut espris, du moins il feignit l'estre,
Et voulut que l'effet le fit bien-tost paroistre,
Mais voyant contre luy le Senat irrité,
Il fit agir Pompée & son authorité.
Ce dernier nous seruit à sa seule priere,
Qui de leur amitié fut la preuue derniere,
Vous en sçauez l'effet, & vous en iouyssez,
Mais pour vn tel amant ce ne fut pas assez,
Apres auoir pour nous employé ce grand homme
Qui nous gaigna soudain toutes les voix de Rome,
Son amour en voulut seconder les efforts,
Et nous ouurant son cœur nous ouurit ses tresors.
Nous eusmes de ses feux encore en leur naissance,
Et les nerfs de la guerre, & ceux de la puissance,
Et les mille talents qui luy sont encor deus
Remirent en nos mains tous nos Estats perdus.

Le Roy

Le Roy qui s'en souuint à son heure fatale
Me laiſſa comme a vous la dignité Royale,
Et par ſon teſtament qui doit ſeruir de loy
Me rendit vne part de ce qu'il tint de moy.
C'eſt ainſi qu'ignorant d'où vint ce bon office
Vous appellez faueur ce qui n'eſt que iuſtice,
Et l'oſez accuſer d'vne aueugle amitié
Quand du tout qu'il me doit, il me rend la moitié.

PTOLOMEE.

Certes, ma ſœur, le conte eſt fait auec adreſſe.

CLEOPATRE.

Ceſar viendra bien-toſt, & i'en ay lettre expreſſe,
Et peut eſtre auiourd'huy vos yeux ſeront teſmoins
De ce que voſtre eſprit s'imagine le moins.
Ce n'eſt pas ſans ſuiet que ie parlois en Reyne,
Ie n'ay receu de vous que meſpris & que hayne,
Et de ma part du ſceptre indigne rauiſſeur
Vous m'auez plus traictée en eſclaue qu'en ſœur,
Meſme pour euiter des effets plus ſiniſtres,
Il m'a fallu flatter vos inſolents miniſtres
Dont i'ay craint iuſqu'icy le fer, ou le poiſon,
Mais Pompée où Ceſar m'en va faire raiſon,
Et quoy qu'auec Photin Achillas en ordonne,
Ou l'vne ou l'autre main me rendra ma couronne,

C

Cependant mon orgueil vous laiße à demeſler
Quel eſtoit l'intereſt qui me faiſoit parler.

SCENE IV

PTOLOMEE, PHOTIN.

PTOLOMEE.

QVE dites vous, amy, de ceſte ame orgueilleuſe ?

PHOTIN.

Sire, ceſte ſurpriſe eſt pour moy merueilleuſe,
Ie n'en ſçay que penſer, & mon cœur eſtonné
D'vn ſecret que iamais il n'auroit ſoupçonné,
Inconſtant & confus dans ſon incertitude
Ne ſe reſout à rien qu'auec inquietude.

PTOLOMEE,

Sauuerons-nous Pompée ?

PHOTIN,

Il faudroit faire effort
Si nous l'auions ſauué, pour conclurre ſa mort.

Cleopatre vous hait, elle est fiere, elle est belle,
Et si l'heureux Cesar a de l'amour pour elle,
La teste de Pompée est l'unique present
Qui vous face contr'elle un rempars suffisant.

PTOLOMEE.

Ce dangereux esprit a beaucoup d'artifice.

PHOTIN.

Son artifice est peu contre un si grand seruice.

PTOLOMEE.

Mais si tout grand qu'il est, il cede à ses appas?

PHOTIN.

Il la faudra flatter, mais ne m'en croyez pas,
Et pour mieux empescher qu'elle ne vous opprime
Consultez en encor Achillas & Septime.

PTOLOMEE.

Allons donc les voir faire, & montons à la tour,
Et nous en resoudrons ensemble à leur retour.

Fin du premier Acte.

C ij

ACTE II.

SCENE PREMIERE.

CLEOPATRE, CHARMION,

CLEOPATRE.

IE l'ayme, mais l'esclat d'vne si belle flâme
Quelque brillant qu'il soit n'éblouyt point
mon ame,
Et tousiours ma vertu retrace dans mon cœur
Ce qu'il doit au vaincu bruslant pour le vainqueur,
Aussi qui l'ose aymer porte vne ame trop haute
Pour souffrir seulement le soupçon d'vne faute,
Et ie le traiterois auec indignité,
Si i'aspirois à luy par vne lascheté.

CHARMION.

Quoy! vous aymez Cesar, & si vous estiez creüe,
L'Egipte pour Pompée armeroit à sa veuë,
En prendroit la deffense, & par vn prompt secours
Du destin de Pharsale arresteroit le cours!
L'amour certes sur vous a bien peu de puissance.

CLEOPATRE.

Les Princes ont cela de leur haute naissance,
Leur ame dans leur sang prend des impressions
Qui dessoubs leur vertu rangent leurs passions;
Leur generosité sousmet tout à leur gloire,
Tout est illustre en eux quand ils osent se croire,
Et si le peuple y voit quelques desreglements,
C'est quand l'aduis d'autruy corrompt leurs sentiments,
Ce malheur de Pompée acheue la ruine,
Le Roy l'eust secouru, mais Photin l'assassine,
Il croit cette ame basse & se monstre sans foy,
Mais s'il croyoit la sienne il agiroit en Roy.

CHARMION.

Ainsi donc de Cesar l'amante & l'ennemie.....

CLEOPATRE.

Ie luy garde vne flâme exempte d'infamie,
Vn cœur digne de luy.

LA MORT

CHARMION.

Vous possedez le sien ?

CLEOPATRE.

Ie croy le posseder.

CHARMION.

Mais le sçauez vous bien ?

CLEOPATRE.

Apren qu'vne Princesse aymant sa renommée
Quand elle aduoüe aymer, s'asseure d'estre aymée ;
Et de quelque beau feu que son cœur soit espris,
Ne s'expose iamais aux hontes d'vn mespris.
Nostre seiour à Rome enflâma son courage,
Là i'eus de son amour le premier tesmoignage,
Et depuis iusqu'icy chaque iour ses courriers
M'apportent en tribut ses vœux & ses lauriers :
Par tout, en Italie, aux Gaules, en Espagne,
La fortune le suit & l'amour l'accompagne,
Son bras ne compte point de peuples ny de lieux
Dont il ne rende hommage au pouuoir de mes yeux,
Et de la mesme main dont il quitte l'espée
Fumante encor du sang des amis de Pompée,
Il trace des soûpirs, & d'vn style plaintif
Dans son champ de victoire il se dit mon captif.

Oüy, tout victorieux il m'escrit de Pharsale,
Et si sa diligence à ses feux est esgale,
Ou plustost si la mer ne s'oppose à ses feux,
L'Egipte le va voir me presenter ses vœux.
Il vient, ma Charmion, iusques dans nos murailles
Chercher auprès de moy le prix de ses batailles,
M'offrir toute sa gloire, & soufmettre à mes loix
Et le cœur & la main qui les donnent aux Rois,
Si bien que ma rigueur, ainsi que le tonnerre,
Peut faire vn malheureux du maistre de la terre.

CHARMION.

J'oserois bien iurer que vos diuins appas
Se vantent d'vn pouuoir dont ils n'useront pas,
Et que le grand Cesar n'a rien qui l'importune
Si vos seules rigueurs ont droit sur sa fortune.
Mais quelle est vostre attente, & que pretendez vous
Puisque d'vne autre femme il est desia l'espoux,
Et qu'auec Calpurnie vn paisible Hymenée
Par des liens sacrés tient son ame enchaisnée?

CLEOPATRE.

Le diuorce auiourd'huy si commun aux Romains
Peut rendre en ma faueur tous ces obstacles vains,
Cesar en sçait l'vsage, & la ceremonie,
Vn diuorce chez luy fit place à Calpurnie.

CHARMION.

Par cette mesme voye il pourra vous quitter.

CLEOPATRE.

Peut estre mon bon-heur sçaura mieux l'arrester,
Et si iamais le Ciel fauorisoit ma couche
De quelque rejetton de cette illustre souche,
Cette heureuse vnion de mon sang & du sien
Vniroit à iamais son destin & le mien :
Côme il n'a plus d'enfans, ces chers & nouueaux gages
Me seroyent de son cœur de precieux ostages.
Mais laissons au hazard ce qui peut arriuer,
Acheuons cet Hymen s'il se peut acheuer,
Ne durast il qu'vn iour, ma gloire est sans seconde
D'estre du moins vn iour la maistresse du monde.
I'ay de l'ambition, & soit vice, ou vertu,
Mon cœur soubs son fardeau veut bien estre abbatu,
I'en ayme la chaleur, & la nomme sans cesse
La seule passion digne d'vne Princesse.
Mais ie veux que la gloire anime ses ardeurs,
Qu'elle mene sans honte au faiste des grandeurs,
Et ie la desaduouë alors que sa manie
Nous presente le throsne auec ignominie.
Ne t'estonne donc plus, Charmion, de me voir
Defendre encor Pompée & suiure mon deuoir,

Ne

Ne pouuant rien de plus pour sa vertu seduite
Dans mon ame en secret ie l'exhorte a la fuite,
Et voudrois qu'vn orage escartant ses vaisseaux
Malgré luy l'enleuast aux mains de ses bourreaux.
Mais voicy de retour le fidelle Achorée
Par qui i'en apprendray la nouuelle asseurée.

SCENE II.

CLEOPATRE, ACHOREE, CHARMION.

CLEOPATRE.

EN est-ce desia fait, & nos bords malheureux
Sont-ils desia souillés d'vn sang si genereux?

ACHOREE.

Madame, i'ay couru par vostre ordre au riuage,
I'ay veu la trahison, i'ay veu toute sa rage,
Du plus grand des mortels i'ay veu trancher le sort,
I'ay veu dans son malheur la gloire de sa mort,
Et puisque vous voulez qu'icy ie vous raconte
La gloire d'vne mort qui nous couure de honte,

D

Escoutez, admirez, & plaignez son trespas.
Ses trois vaisseaux en rade auoient mis voile bas,
Et voyant dans le port preparer nos galeres,
Il croyoit que le Roy touché de ses miseres
Par vn beau sentiment d'honneur & de deuoir
Auec toute sa Cour le venoit receuoir:
Mais voyant que ce Prince ingrat à ses merites
N'enuoyoit qu'vn esquif remply de satellites,
Il soupçonna deslors son manquement de foy,
Et se laissa surprendre à quelque peu d'effroy:
En fin voyant nos bords & nostre flotte en armes
Il condamna soudain ces indignes alarmes,
Et pensa seulement dans ce pressant ennuy
A ne hazarder pas Cornelie auec luy.
N'exposons, luy dit il, que cette seule teste
A la reception que l'Egipte m'apreste,
Et tandis que moy seul j'en courray le danger
Songe à prendre la fuite afin de me vanger:
Le Roy Iuba nous garde vne foy plus sincere,
Chés luy tu trouueras & mes fils & ton pere,
Mais quand tu les verrois descendre chés Pluton,
Ne desespere point du viuant de Caton.
Il dit, & cependant que leur amour conteste,
Achillas à son bord ioint son esquif funeste,
Septime se presente, & luy tendant la main
Le salüe Empereur en langage Romain,

Et comme deputé de ce ieune Monarque,
Paffés, Seigneur, dil-il, paffés dans cette barque,
Les fables & les bancs cachés deffoubs les eaux
Rendent l'accés mal feur à de plus grands vaiffeaux.
Ce Heros voit la fourbe, & s'en mocque dans l'ame,
Il reçoit les Adieux des fiens, & de fa femme,
Leur deffend de le fuiure, & s'auance au trefpas
Auec le mefme front qu'il donnoit les Eftats,
La mefme Majefté fur fon vifage emprainte
Entre ces affaffins monftre vn efprit fans crainte,
Sa vertu toute entiere à la mort le conduit;
Son affranchy Philippe eft le feul qui le fuit,
C'eft de luy que i'ay fceu ce que ie viens de dire,
Mes yeux ont veu le refte, & mon cœur en fouspire,
Et croit que Cefar mefme à de fi grands malheurs
Ne pourra refufer des fouspirs & des pleurs.

CLEOPATRE.

N'efpargnez pas les miens, acheuez, Achorée,
L'hiftoire d'vne mort que i'ay defia pleurée.

ACHOREE.

On l'amene, & du port nous le voyons venir
Sans que pas vn d'entr'eux daigne l'entretenir,
Ce mefpris luy fait voir ce qu'il en doit attendre.
Enfin l'efquif aborde, on l'inuite à defcendre,

D ij

Il se leue, & soudain par derriere Achillas
Comme pour commencer tirant son coutelas,
Septime & trois des siens, lasches enfans de Rome,
Percent à coups pressés les flancs de ce grand homme,
Tandis qu'Achillas mesme espouuanté d'horreur
De ces quatre enragés admire la fureur.

CLEOPATRE

Vous qui liurez la terre aux discordes ciuiles
Si vous vagez sa mort, Dieux, espargnez nos villes,
N'imputez rien aux lieux, recognoissez les mains,
Le crime de l'Egipte est fait par des Romains.
Mais que fait & que dit ce genereux courage ?

ACHOREE.

D'vn des pans de sa robbe il couure son visage,
A son mauuais destin en aueugle obeyt,
Et desdaigne de voir le Ciel qui le trahit,
De peur qu'il ne semblast contre vne telle offense
Implorer d'vn coup d'œil son ayde & sa vangeance,
Aucun gemissement à son cœur eschappé
Ne le montre en mourant digne d'estre frappé,
Immobile a leurs coups en luy mesme il rappelle
Ce qu'eut de beau sa vie & ce qu'on dira d'elle,
Et tient la trahison que le Roy leur prescrit
Trop au dessoubs de luy pour y prester l'esprit.

Sa vertu dans leur crime augmente ainsi son lustre,
Et son dernier souspir est vn souspir illustre,
Qui de cette grande ame acheuant les destins
Estale tout Pompée aux yeux des assassins.
Sa teste sur les bords de la barque panchée
Par le traistre Septime indignement tranchée
Passe au bout d'vne lance en la main d'Achillas
Ainsi qu'vn grand trophée apres de grands combats,
Et pour combler en fin sa Tragique auanture,
On donne à ce Heros la mer pour sepulture,
Et le tronc soubs les flots roule doresnauant
Au gré de la fortune & de l'onde & du vent.
A ce spectacle affreux la pauure Corneli:.....

CLEOPATRE.

Dieux! en quels desplaisirs est-elle enseuelie?

ACHOREE.

Ayant tousiours suiuy ce cher espoux des yeux,
Ie lay veuë esleuer ses tristes mains aux Cieux,
Puis cedant aussi-tost à la douleur plus forte
Tomber dans sa galere esuanoüye, ou morte.
Les siens en ce desastre à force de ramer
L'esloignent du riuage & regaignent la mer,
Mais sa fuite est mal seure, & l'infame Septime
Qui se voit desrober la moitié de son crime,

A fin de l'acheuer, prend six vaiſſeaux au port,
Et pourſuit ſur les eaux Pompée apres ſa mort.
Cependant Achillas porte au Roy ſa conqueſte,
Tout le peuple tremblant en deſtourne la teſte,
Vn effroy general offre à l'vn ſoubs ſes pas
Des abiſmes ouuerts pour vanger ce treſpas,
L'autre entend le tonnerre, & l'autre ſe figure
Vn deſordre ſoudain de toute la Nature,
Tant l'excés du forfait troublant leurs iugemens
Preſente à leur terreur l'excés des chaſtimens.
Philippe d'autre part monſtrant ſur le riuage
Dans vne ame ſeruile vn genereux courage,
Examine d'vn œil & d'vn ſoin curieux
Où les vagues rendront ce depoſt precieux,
Pour luy rēdre, s'il peut, ce qu'aux morts on doit rēdre,
Dans quelque vrne cheriſue en ramaſſer la cendre,
Et d'vn peu de pouſſiere eſleuer vn tombeau
A celuy qui du monde eut le ſort le plus beau.
Mais comme vers l'Afrique on pourſuit Cornelie,
On voit d'ailleurs Ceſar venir de Theſſalie,
Vne flotte paroiſt qu'on a peine à conter.

CLEOPATRE.

C'eſt luy meſme, Achorée, il n'en faut point douter,
Tremblés, tremblés, meſchans, voicy venir la foudre,
Cleopatre a dequoy vous mettre tous en poudre,

Cefar vient, elle eft Reyne, & Pompée eft vangé,
La tyrannie eft bas, & le fort eft changé.
Admirons cependant le deftin des grands hommes.
Plaignons les, & par eux iugeons ce que nous fommes.
Ce Prince d'vn Senat maiftre de l'Vniuers,
De qui l'heur fembloit eftre au deffus du reuers,
Luy que fa Rome a veu plus craint que le tonnerre,
Triompher en trois fois des trois parts de la terre,
Et qui voyoit encor en ces derniers hazards
L'vn & l'autre Conful fuiure fes eftendarts,
Si toft que d'vn malheur fa fortune eft fuiuie,
Les monftres de l'Egipte ordonnent de fa vie,
On voit vn Achillas, vn Septime, vn Photin,
Arbitres fouuerains d'vn fi noble deftin,
Vn Roy qui de fes mains a receu la couronne
A ces peftes de Cour laschement l'abandonne :
Ainfi finit Pompée, & peus-eftre qu'vn iour
Cefar efprouuera mefme fort à fon tour.
Rendés l'augure faux, Dieux, qui voyés mes larmes,
Et fecondés par tout & mes vœux & fes armes.

CHARMION,

Madame, le Roy vient qui pourra vous ouïr.

SCENE III.

PTOLOMEE, CLEOPATRE, CHARMION.

PTOLOMEE.

Sçauez-vous le bon-heur dont nous allons iouyr,
Ma sœur?

CLEOPATRE.

Oüy, ie le sçay, le grand Cesar arriue,
Soubs les loix de Photin ie ne suis plus captiue.

PTOLOMEE.

Vous hayssez tousiours ce fidelle suiet.

CLEOPATRE.

Non, mais en liberté ie ris de son projet.

PTOLOMEE.

Quel projet faisoit il dont vous peussiez vous plaindre?

CLEOPATRE.

I'en ay souffert beaucoup, & i'auois plus à craindre,

Vn

Vn si grand Politique est capable de tout,
Et vous donnez les mains à tout ce qu'il resout.

PTOLOMEE.

Si ie suy ses conseils, i'en cognoy la prudence.

CLEOPATRE.

Si i'en crain les effets, i'en voy la violence.

PTOLOMEE.

Pour le bien de l'Estat tout est iuste en vn Roy.

CLEOPATRE.

Ce genre de iustice est à craindre pour moy,
Apres ma part du Sceptre à ce tiltre vsurpée,
Il en couste la vie, & la teste à Pompée.

PTOLOMEE.

Iamais vn coup d'Estat ne fut mieux entrepris,
Le voulant secourir Cesar nous eust surpris,
Vous voyez sa vistesse, & l'Egipte troublée
Auant qu'estre en defense en seroit accablée:
Mais ie puis maintenant à cét heureux vainqueur
Offrir en seureté mon Trosne & vostre cœur.

E

CLEOPATRE.

Ie feray mes presens, n'ayez soin que des vostres,
Et dans vos interests n'en confondez point d'autres.

PTOLOMEE.

Les vostres sont les miens estans de mesme sang.

CLEOPATRE.

Vous pouuez dire encor estans de mesme rang,
Estans Rois l'vn & l'autre, & toutefois ie pense
Que nos deux interests ont quelque difference.

PTOLOMEE.

Oüy, ma sœur, car l'Estat dont mon cœur est content
Sur quelques bords du Nil à grand peine s'estend:
Mais Cesar à vos loix sousmettant son courage
Vous va faire regner sur le Gange & le Tage.

CLEOPATRE.

I'ay de l'ambition, mais ie la sçay regler,
Elle peut m'esbloüyr, & non pas m'aueugler,
Ne parlons point icy du Tage, ny du Gange,
Ie cognoy ma portée, & ne prends point le change,

PTOLOMEE.

L'occasion vous rit, & vous en vserez,

CLEOPATRE.

Si ie n'en vſe bien, vous m'en accuſerez.

PTOLOMEE.

I'en eſpere beaucoup veu l'amour qui l'engage.

CLEOPATRE.

Vous la craignez peut-eſtre encore d'auantage,
Mais quelque occaſion qui me rie auiourd'huy,
N'ayez aucune peur, ie ne veux rien d'autruy,
Ie ne garde pour vous ny haine, ny colere,
Et ie ſuis bonne ſœur, ſi vous n'eſtes bon frere.

PTOLOMEE.

Vous monſtrez cependant vn peu bien du meſpris.

CLEOPATRE.

Le temps de chaque choſe ordonne & fait le prix.

PTOLOMEE.

Voſtre façon d'agir le fait aſſez cognoiſtre.

CLEOPATRE.

Le grand Ceſar arriue, & vous auez vn maiſtre.

Eij

PTOLOMEE.

Il l'est de tout le monde, & ie l'ay fait le mien.

CLEOPATRE.

Allez, luy rendre hommage, & i'attendray le sien.
Allez, ce n'est pas trop pour luy que de vous mesme,
Ie garderay pour vous l'honneur du Diadéme,
Photin vous vient ayder à le bien receuoir,
Consultez auec luy quel est vostre deuoir.

SCENE IV.

PTOLOMEE, PHOTIN.

PTOLOMEE.

I'AY suiuy tes conseils, mais plus ie l'ay flattée,
Et plus dans l'insolence elle s'est emportée ;
Si bien qu'en fin outré de tant d'indignitez,
Ie m'allois emporter dans les extremitez,
Mon bras dont ses mespris forçoient la retenuë
N'eust plus consideré Cesar, ny sa venuë,
Et l'eust mise en estat malgré tout son appuy
De se plaindre à Pompée auparauant qu'à luy.

L'arrogante, à l'oüyr elle est desja ma Reine,
Et si Cesar en croit son orgueil & sa haine,
Si, comme elle s'en vante, elle est son cher objet,
De son frere & son Roy je deuiens son sujet.
Non, non, preuenons là, c'est foiblesse d'attendre
Le mal qu'on voit venir sans pouuoir s'en defendre,
Ostons luy les moyens de nous plus desdaigner,
Ostons-luy les moyens de plaire & de regner,
Et ne permettons pas qu'apres tant de brauades,
Mon Sceptre soit le prix d'vne de ses œillades.

PHOTIN.

Sire, ne donnez point de pretexte à Cesar
Pour attacher l'Egipte aux pompes de son char,
Ce cœur ambitieux qui par toute la terre
Ne cherche qu'à porter l'esclauage & la guerre,
Enflé de sa victoire & des ressentimens
Qu'vne perte pareille imprime aux vrais amans,
Quoy que vous ne rendiez que iustice à vous mesme,
Prendroit l'occasion de vanger ce qu'il ayme,
Et pour s'assuiettir & vos Estats & vous,
Imputeroit à crime vn si iuste couroux.

PTOLOMEE.

Si Cleopatre vit, s'il la voit, elle est Reine.

E iij

PHOTIN.

Si Cleopatre meurt, voftre perte eft certaine.

PTOLOMEE.

Ie perdray qui me perd ne pouuant me fauuer.

PHOTIN.

Pour la perdre auec ioye il faut vous conferuer.

PTOLOMEE.

Quoy? pour voir fur fa tefte efclater ma Couronne?
Sceptre, s'il faut en fin que ma main t'abandonne,
Paffe, paffe pluftoft en celle du vainqueur.

PHOTIN.

Vous l'arracherez mieux de celle d'vne sœur.
Quelque feux que d'abord il luy face paroiftre,
Il partira bien-toft, & vous ferez le maiftre,
L'amour à fes pareils ne donne point d'ardeur
Qui ne cede aisément aux foins de leur grandeur ;
Il voit encor l'Afrique & l'Efpagne occupées
Par Iuba, Scipion, & les ieunes Pompées,
Et le monde à fes loix n'eft point affuietty
Tant qu'il verra durer ces reftes du party.

Au sortir de Pharsale vn si grand Capitaine
Sçauroit mal son mestier s'il laissoit prendre haleine,
Et s'il donnoit loisir à des cœurs si hardis
De releuer du coup dont ils sont estourdis.
S'il les vainc, s'il paruient où son desir aspire,
Il faut qu'il aille à Rome establir son Empire,
Iouyr de sa fortune, & de son attentat,
Et changer à son gré la forme de l'Estat.
Iugez durant ce temps ce que vous pourrez faire,
Sire, voyez Cesar, forcez-vous à luy plaire,
Et luy deferant tout, veüillez vous souuenir
Que les euenemens regleront l'aduenir.
Remettez en ses mains Trosne, Sceptre, Couronne,
Et sans en murmurer souffrez qu'il en ordonne,
Il en croira sans doute ordonner iustement
En suiuant du feu Roy l'ordre & le testament;
L'importance d'ailleurs de ce dernier seruice
Ne permet pas d'en craindre vne entiere iniustice:
Quoy qu'il en face en fin, feignez d'y consentir,
Loüez son iugement & le laissez partir,
Apres, quãd nous verrõs le temps propre aux vãgeãces,
Nous aurons & la force & les intelligences;
Iusques là reprimez ces transpors violens
Qu'excitent d'vne sœur, les mespris insolens,
Les brauades en fin sont des discours friuoles,
Et qui songe aux effets, neglige les paroles.

LA MORT

PTOLOMEE.

Ah! tu me rends la vie & le sceptre à la fois,
Vn sage Conseiller est le bon-heur des Rois,
Cher appuy de mon throsne, allons sans plus attendre
Offrir tout à Cesar afin de tout reprendre,
Et pour vaincre d'honneurs son absolu pouuoir
Auec toute ma flotte allons le receuoir.

Fin du second Acte.

ACTE

ACTE III.

SCENE PREMIERE.

CHARMION, ACHOREE.

CHARMION.

VT, tandis que le Roy va luy mesme en
personne
Iusque aux pieds de Cesar prosterner sa
Couronne,
Cleopatre s'enferme en son appartement,
Et sans s'en esmouuoir attend son compliment ;
Comment nommerez vous vne humeur si hautaine

ACHOREE.

Vn orgueil noble & iuste, & digne d'vne Reyne

F

Qui souſtient auec cœur & magnanimité
L'honneur de ſa naiſſance & de ſa dignité.
Luy pourray ie parler?

CHARMION.

Non, mais elle m'enuoye
Sçauoir à cet abord ce qu'on a veu de ioye,
Ce qu'à ce beau preſent Ceſar a teſmoigné,
S'il en a rendu grace, ou s'il la deſdaigné,
S'il traite auec douceur, s'il traite auec Empire,
Ce qu'à nos aſſaſſins en fin il à peu dire.

ACHOREE.

La teſte de Pompée a produit des effets
Dont-ils n'ont pas ſuiet d'eſtre fort ſatisfaits,
Ie ne ſçay ſi Ceſar prendroit plaiſir à feindre,
Mais pour eux, iuſqu'icy ie trouue lieu de craindre;
S'ils aymoient Ptolomée, ils l'ont fort mal ſeruy,
Vous l'auez veu partir, & moy ie l'ay ſuiuy,
Ses vaiſſeaux en bon ordre ont eſloigné la ville,
Et pour ioindre Ceſar n'ont auancé qu'vn mille,
Il venoit à plein voile, & ſi dans les hazards
Il eſprouua touſiours la faueur de ſon Mars,
Sa flotte qu'à l'enuy fauoriſoit Neptune
Auoit le vent en poupe ainſi que ſa fortune.

Dés le premier abord noftre Prince eftonné
Ne s'eft plus fouuenu de fon front couronné,
Sa frayeur a paru foubs fa fauffe allegreffe,
Toutes fes actions ont fenty la baffeffe,
I'en ay rougy moy-mefme, & me fuis plaint à moy
De voir là Ptolomée & n'y voir point de Roy,
Et Cefar qui lifoit fa peur fur fon vifage
Le flattoit par pitié pour luy donner courage.
Luy d'vne voix tombante offrant ce don fatal,
Seigneur, vous n'auez plus, luy dit il, de riual,
Ce que n'ont peu les Dieux dans voftre Theffalie,
Ie vay mettre en vos mains Pompée, & Cornelie,
En voicy defia l'vn, & pour l'autre, elle fuit,
Mais auec fix vaiffeaux vn des miens la pourfuit,
A ces mots Achillas defcouure cette tefte,
Il femble qu'à parler encor elle s'aprefte,
Qu'à ce nouuel affront vn refte de chaleur
En fanglots mal formez exhale fa douleur,
Sa bouche encor ouuerte & fa veuë efgarée
Rappellent fa grande ame à peine feparée,
Et fon couroux mourant fait vn dernier effort
Pour reprocher aux Dieux fa defaite & fa mort.
Cefar a cét afpect comme frappé du foudre,
Et comme ne fçachant que croire, ou que refoudre,
Immobile, & les yeux fur l'obiet attachez
Nous tient affez long temps fes fentimens cachez,

Et ie diray, si i'ose en faire coniecture,
Que par vn mouuement commun à la nature
Quelque maligne ioye en son cœur s'esleuoit
Dont sa gloire indignée a peine le sauuoit.
L'aise de voir la terre à son pouuoir soumise
Chatoüilloit malgré luy son ame auec surprise,
Et de cette douceur son esprit combattu
Auec vn peu d'effort r'asseuroit sa vertu.
S'il ayme sa grandeur, il hait la perfidie,
Il se iuge en autruy, se taste, s'estudie,
Consulte à sa raison sa ioye & ses douleurs,
Examine, choisit, laisse couler des pleurs,
Et forçant sa vertu d'estre encor la maistresse,
Se monstre genereux par vn trait de foiblesse.
En suite il fait oster ce present de ses yeux,
Leue les mains ensemble & les regards aux Cieux,
Lasche deux ou trois mots contre cette insolence,
Puis tout triste & pensif il s'obstine au silence,
Et mesme a ses Romains ne daigne repartir
Que d'vn regard farouche & d'vn profond souspir.
En fin ayant pris terre auec trente cohortes
Il se saisit du port, il se saisit des portes,
Met des gardes par tout, & des ordres secrets,
Fait voir sa deffiance ainsi que ses regrets,
Parle d'Egipte en maistre, & de son aduersaire
Non plus comme ennemy, mais comme son beau-pere.

Voila ce que i'ay veu.

CHARMION.

          Voila ce qu'attendoit,
Ce qu'au iuste Osiris la Reyne demandoit :
Ie vay bien la rauir auec cette nouuelle,
Vous, continuez luy ce seruice fidelle.

ACHOREE.

Qu'elle n'en doute point : Mais Cesar vient, allez,
Peignez luy bien nos gens passes & desolez,
Et moy, soit que l'issuë en soit douce, ou funeste,
I'iray l'entretenir quand i'auray veu le reste.

SCENE II.

CESAR, PTOLOMEE, L'EPIDE, PHO-
TIN, ACHOREE, Soldats Romains,
Soldats Egyptiens.

PTOLOMEE.

Seigneur, montés au Trosne & commandés icy.

CESAR.

Cognoiſſés vous Ceſar de luy parler ainſi ?
Que m'offriroit de pis la fortune ennemie,
A moy qui tiens le Troſne eſgal à l'infamie ?
Certes Rome à ce coup pourroit bien ſe vanter
D'auoir eu iuſte lieu de me perſecuter,
Elle qui d'vn meſme œil les donne & les dedaigne,
Qui ne voit rien aux Rois qu'elle ayme ou qu'elle
  craigne,
Et qui verſe en nos cœurs auec l'ame & le ſang
Et la haine du nom, & le meſpris du rang.
C'eſt ce que de Pompée il vous falloit apprendre,
S'il en euſt aymé l'offre, il euſt ſçeu s'en defendre,
Et le Troſne & le Roy ſe feroient ennoblis
A ſouſtenir la main qui les a reſtablis.
Vous euſſiez peu tomber, mais tout couuert de gloire,
Voſtre cheute euſt valu la plus haute victoire,
Et ſi voſtre deſtin n'euſt peu vous en ſauuer,
Ceſar euſt pris plaiſir à vous en releuer.
Vous n'auez peu former vne ſi noble enuie;
Mais quel droit auiez vous ſur cette illuſtre vie ?
Que vous deuoit ſon ſang pour y tremper vos mains,
Vous, qui deuez reſpect au moindre des Romains ?
Ay-ie vaincu pour vous dans les champs de Pharſale?
Et par vne victoire aux vaincus trop fatale

Vous ayie acquis sur eux en ce dernier effort
La puissance absoluë & de vie & de mort?
Moy qui n'ay iamais peu la souffrir à Pompée,
La souffriray-ie en vous sur luy mesme vsurpée,
Et que de mon bon-heur vous ayez abusé
Iusqu'à plus attenter que ie n'aurois osé?
De quel nom apres tout pensez-vous que ie nomme
Ce coup où vous tranchez du souuerain de Rome,
Et qui sur vn seul Chef luy fait bien plus d'affront
Que sur tant de milliers ne fit le Roy de Pont?
Pensez vous que i'ignore ou que ie dissimule
Que vous n'auriez pas eu pour moy plus de scrupule,
Et que s'il eust vaincu vostre esprit complaisant
Luy faisoit de ma teste vn semblable present?
Graces à ma victoire on me rend des hommages
Ou ma fuite eust receu toutes sortes d'outrages,
Au vainqueur, non à moy, vous faites tout l'honneur,
Si Cesar en iouit, ce n'est que par bonheur,
Amitié dangereuse, & redoutable zele
Que regle la Fortune & qui tourne auec elle.
Mais parlez, c'est trop estre interdit & confus.

PTOLOMEE.

Ie le suis, il est vray, si iamais ie le fus,
Et vous mesme aduoüerez que i'ay suiet de l'estre:
Estant né Souuerain, ie vois icy mon maistre,

Icy diſie, ou ma Cour tremble en me regardant,
Ou ie n'ay point encor agy qu'en commandant,
Ie vois vn autre Cour, ſoubs vne autre puiſſance,
Et ne puis plus agir qu'auec obeiſſance.
De voſtre ſeul aſpect ie me ſuis veu ſurpris,
Iugez ſi vos diſcours me rendent mes eſprits,
Iugez par quels moyens ie puis ſortir d'vn trouble
Que forme le reſpect, que la crainte redouble,
Et ce que vous peut dire vn Prince eſpouuanté
De voir tant de colere & tant de Maieſté.
Dans ces eſtonnemens dont mon ame eſt frappée
De rencontrer en vous le vangeur de Pompée,
Il me ſouuient pourtant que s'il fut noſtre appuy
Nous vous d'eûmes déslors autant & plus qu'à luy,
Voſtre faueur pour nous eſclata la premiere,
Tout ce qu'il fit apres fut à voſtre priere,
Il eſmeut le Senat pour des Rois outragez
Que ſans cette priere il auroit negligez:
Mais de ce grand Senat les ſaintes ordonnances
Euſſent peu fait pour nous, Seigneur, ſans vos finaces,
Par là de nos mutins le feu Roy vint à bout,
Et pour en bien parler nous vous deuons le tout:
Nous auons honoré voſtre amy, voſtre gendre,
Iuſqu'à ce qu'à vous-meſme il ait oſé ſe prendre:
Mais voyant ſon pouuoir de vos ſuccez ialoux
Paſſer en tirannie & s'armer contre vous.....

CESAR

CESAR.

Tout-beau, que voftre haine en fon fang affouuie
N'aille point à fa gloire, il fuffit de fa vie,
N'auancez rien icy que Rome ofe nier,
Et iuftifiez vous fans le calomnier.

PTOLOMEE.

Ie laiffe donc aux Dieux à iuger fes penfées,
Et diray feulement qu'en vos guerres paffées
Où vous fuftes forcé par tant d'indignitez,
Tous nos vœux ont efté pour vos profperitez:
Que comme il vous traittoit en mortel aduerfaire,
I'ay creu fa mort pour vous vn malheur neceffaire,
Et que fa haine iniufte augmentant tous les iours
Iufques dans les Enfers chercheroit du fecours,
Ou qu'en fin, s'il tomboit deffoubs voftre puiffance,
Il nous falloit pour vous craindre voftre clemence,
Et que le fentiment d'vn cœur trop genereux
Vfant mal de vos droits vous rendift malheureux.
I'ay donc confideré qu'en ce peril extreme
Nous vous deuiõs, Seigneur, feruir malgré vous mefme,
Et fans attendre d'ordre en cette occafion,
Mon zele ardant la prife à ma confufion.
Vous m'en defaduouez, vous l'imputez à crime,
Mais pour feruir Cefar rien n'eft illegitime,

G

I'en ay foüillé mes mains pour vous en preferuer,
Vous pouuez en ioüyr & le defapprouuer,
Et i'ay plus fait pour vous, plus l'action eft noire,
Puifque c'eft d'autant plus vous immoler ma gloire,
Et que ce facrifice offert par mon deuoir
Vous affeure la voftre auec voftre pouuoir.

CESAR.

Vous cherchez, Ptolomée, auecque trop de rufes
De mauuaifes couleurs & de froides excufes.
Voftre zele eftoit faux fi feul il redoutoit
Ce que le monde entier à plains vœux fouhaittoit,
Et s'il vous a donné ces craintes trop fubtiles
Qui m'oftent tout le fruit de nos guerres ciuiles,
Où l'honneur feul m'engage, & que pour terminer
Ie ne veux que celuy de vaincre & pardonner.
Où mes plus dangereux & plus grands aduerfaires
Si toft qu'ils font vaincus ne font plus que mes freres,
Et mon ambition ne va qu'à les forcer
Ayant dompté leur haine à viure & m'embraffer.
O combien d'allegreffe vne fi trifte guerre
Auroit elle laiffé deffus toute la terre,
Si l'on voyoit marcher deffus vn mefme char
Vainqueurs de leur difcorde & Pompée & Cefar,
Voilà ces grands malheurs que craignoit voftre zele,
O crainte ridicule autant que criminelle !

DE POMPEE. 51

Vous craigniez ma clemence! ah! n'ayez plus ce soin,
Souhaitez là plustost, vous en auez besoin:
Si ie n'auois esgard qu'aux loix de la Iustice
Ie m'appaiserois Rome auec vostre supplice,
Sans que ny vos respects, ny vostre repentir,
Ny vostre dignité vous en peust garantir,
Vostre Trosne luy mesme en seroit le Theatre:
Mais voulant espargner le sang de Cleopatre,
I'impute à vos flatteurs toute la trahison,
Et ie veux voir comment vous m'en ferez raison.
Suiuant les sentimens dont vous serez capable
Ie sçauray vous tenir innocent, ou coupable.
Cependant à Pompée esleuez des Autels,
Rendez luy les honneurs qu'on rend aux Immortels,
Par vn prompt sacrifice expiez tous vos crimes,
Et sur tout, pensez bien aux choix de vos victimes.
Allez y donner ordre, & me laissez icy
Entretenir les miens sur quelque autre soucy.

Antoine sort sur le Theatre.

Gij

SCENE III.

CESAR, ANTOINE, LEPIDE.

CESAR.

ANtoine, auez-vous veu cette Reine adorable?

ANTOINE.

Ie l'ay veuë, ô Cesar, elle est incomparable,
Le Ciel n'a point encor par de si doux accords
Vny tant de vertus aux graces d'vn beau corps,
Vne Maiesté douce espand sur son visage
Dequoy s'assuiettir le plus noble courage,
Ses yeux sçauent rauir, son discours sçait charmer,
Et si i'estois Cesar ie la voudrois aymer.

CESAR.

Comme à t'elle receu les offres de ma flâme?

ANTOINE.

Comme n'osant la croire & la croyant dans l'ame,

Par vn refus modeste & fait pour inuiter
Elle s'en dit indigne & la croit meriter.

CESAR.

En pourray-ie estre aymé?

ANTOINE.

                    Douter qu'elle vous ayme,
Elle qui de vous seul attend son Diadéme,
Qui n'espere qu'en vous! Douter de ses ardeurs
Vous qui la pouuez mettre au faiste des grandeurs!
Que vostre amour sans crainte à son amour pretende,
Au vainqueur de Pompée il faut que tout se rende,
Et vous l'esprouuerez. Elle craint toutefois
L'ordinaire mespris que Rome fait des Rois,
Et sur tout elle craint l'amour de Calpurnie ;
Mais l'vne & l'autre crainte à vostre aspect bannie,
Vous ferez succeder vn espoir assez doux
Lors que vous daignerez luy dire vn mot pour vous.

CESAR.

Allons donc l'affranchir de ces friuoles craintes,
Luy monstrer de mon cœur les sensibles atteintes,
Allons, ne tardons plus.

ANTOINE.

                    Auant que de la voir,
Sçachez que Cornelie est en vostre pouuoir,

Septime vous l'amene orgueilleux de son crime,
Et pense auprez de vous se mettre en haute estime,
Si tost qu'ils ont pris port, vos Chefs par vous instruits
Sans leur rien tesmoigner les ont icy conduits.

CESAR.

Qu'elle entre. Ah l'importune & facheuse nouuelle!
Qu'à mon impatience elle semble cruelle!
O Ciel! & ne pourray-ie en fin à mon amour
Donner en liberté ce qui reste du iour?

SCENE IV.

CESAR, CORNELIE, ANTOINE, LEPIDE, SEPTIME.

SEPTIME.

Seigneur.....

CESAR.

Allez, Septime, allez vers vostre maistre,
Cesar ne peut souffrir la presence d'vn traistre,

D'vn Romain lasche assez pour seruir soubs vn Roy
Apres auoir seruy soubs Pompée, & soubs moy.

CORNELIE.

Cesar, car le destin qui m'outre & que ie braue
Me fait ta prisonniere & non pas ton esclaue,
Et tu ne pretends pas qu'il m'abate le cœur
Iusqu'à te rendre hommage & te nommer Seigneur;
De quelque rude trait qu'il m'ose auoir frappée,
Vefue du ieune Crasse, & vefue de Pompée,
Fille de Scipion, & pour dire encor plus,
Romaine, mon courage est encor au dessus,
Et de tous les assauts que sa rigueur me liure
Rien ne me fait rougir que la honte de viure.
I'ay veu mourir Pompée, & ne l'ay pas suiuy,
Et bien que le moyen m'en aye esté rauy,
Qu'vne pitié cruelle à mes douleurs profondes
M'aye osté le secours & du fer & des ondes,
Ie dois rougir pourtant apres vn tel mal heur
De n'auoir peu mourir d'vn excez de douleur.
Ma mort estoit ma gloire, & le destin m'en priue
Pour croistre mes malheurs & me voir ta captiue,
Encore ay ie suiet de rendre grace aux Dieux
De ce qu'en arriuant ie te trouue en ces lieux,
Que Cesar y commande, & non pas Ptolomée.
Helas! & soubs quel astre, ô Ciel, m'as tu formée,

Si ie dois grace aux Dieux de ce qu'ils ont permis
Que ie rencontre icy mes plus grands ennemis,
Et tombe entre leurs mains pluftoft qu'aux mains d'vn
   Prince
Qui doit à mon efpoux fon Throfne & fa Prouince?
Cefar, de ta victoire efcoute moins le bruit,
Elle n'eft que l'effet du malheur qui me fuit,
Ie l'ay porté pour dot chez Pompée & chez Craffé,
Deux fois du monde entier i'ay caufé la difgrace,
Deux fois de mon Hymen le nœud mal afforty
A chaffé tous les Dieux du plus iufte party:
Heureufe en mes malheurs, fi ce trifte Hymenée
Pour le bon heur de Rome à Cefar m'euft donnée,
Et fi i'euffe auec moy porté dans ta maifon
D'vn aftre enuenimé l'inuincible poifon.
Car enfin n'attends pas que i'abaiffe ma haine,
Ie te l'ay defia dit, Cefar, ie fuis Romaine,
Et quoy que ta captiue, vn cœur comme le mien
De peur de s'oublier ne te demande rien.
Ordonne, & fans vouloir qu'il tremble, ou s'hu-
   milie,
Souuien toy feulement que ie fuis Cornelie.

CESAR.

O d'vn illuftre efpoux noble & digne moitié,
Dont le courage eftonne, & le fort fait pitié!

                        Certes,

Certes vos sentimens font assez recognoistre
Qui vous donna la main, & qui vous donna l'estre,
Et l'on iuge aisément au cœur que vous portez
Où vous estes entrée & de qui vous sortez.
L'ame du ieune Crasse, & celle de Pompée,
L'vne & l'autre vertu par le malheur trompée,
Le sang des Scipions protecteur de nos Dieux
Parlent par vostre bouche & brillent dans vos yeux,
Et Rome dans ses murs ne voit point de famille
Qui soit plus honorée ou de femme, ou de fille.
Pleust au grand Iupiter, pleust à ces mesmes Dieux
Qu'Annibal eust braué iadis sans vos ayeux,
Que ce Heros si cher dont le Ciel vous separe
N'eust pas si mal cogneu la Cour d'vn Roy Barbare,
Ny mieux aymé tenter vne incertaine foy
Que la vieille amitié qu'il eust trouuée en moy:
Qu'il eust voulu souffrir qu'vn bon-heur de mes armes
Eust vaincu ses soupçons, dissipé ses alarmes,
Et qu'en fin m'attendant sans plus se deffier
Il m'eust donné moyen de me iustifier.
Alors foulant aux pieds la Discorde & l'Enuie
Ie l'eusse coniuré de se donner la vie,
D'oublier ma victoire, & d'aymer vn riual
Heureux d'auoir vaincu pour viure son esgal.
Alors l'esprit content & l'ame satisfaite
Ie l'eusse fait aux Dieux pardonner sa defaite,

H

Il euſt fait à ſon tour en me rendant ſon cœur,
Que Rome euſt pardonné la victoire au vainqueur.
Mais puiſque par ſa perte à iamais ſans ſeconde
Le ſort a deſrobbé cette allegreſſe au monde,
Ceſar s'efforcera de s'acquiter vers vous
De ce qu'il voudroit rendre à cét illuſtre Eſpoux.
Prenez donc en ces lieux liberté toute entiere,
Seulement pour deux iours ſoyez ma priſonmiere,
Afin d'eſtre teſmoin comme apres nos debats
Ie cheris ſa memoire & vange ſon treſpas,
Et de pouuoir apprendre à toute l'Italie
De quel orgueil nouueau m'enfle la Theſſalie.
Ie vous laiſſe à vous meſme, & vous quitte vn momēt.
Choiſiſſez luy, Lepide, vn digne appartement,
Et qu'on l'honore icy, mais en Dame Romaine,
C'eſt à dire, vn peu plus qu'on n'honore la Reyne.
Commandez, & chacun aura ſoin d'obeyr.

CORNELIE.

O Ciel! que de vertus vous me faites hayr.

Fin du troiſieſme Acte.

ACTE IV.

SCENE PREMIERE.

PTOLOMEE, ACHILLAS, PHOTIN.

PTOLOMEE.

Voy! de la mesme main & de la mesme
  espée
Dont il vient d'immoler le malheureux
  Pompée,
Septime par Cesar indignement chassé
Dans vn tel desespoir a vos yeux à passé!

ACHILLAS.

Il est mort; & mourant, Sire, il vous doit apprendre
La honte qu'il preuient & qu'il vous faut attendre.
Iugez Cesar vous mesme à ce couroux si lent,
Vn moment pousse & rompt vn transport violent,

'M as l'indignation qu'on prend auec eſtude
Augmente auec le temps, & porte vn coup pluſ rude:
Ainſi n'eſperez pas de le voir moderé,
Par adreſſe il ſe faſche apres s'eſtre aſſeuré,
Sa puiſſance eſtablie, il a ſoing de ſa gloire,
Il pourſuiuoit Pompée, & cherit ſa memoire,
Et veut tirer à ſoy par vn couroux accort
L'honneur de ſa vangeance & le fruict de ſa mort.

PTOLOMEE.

Ah ! ſi ie t'auois creû ie n'aurois pas de maiſtre,
Ie ſerois dans le Thrône où le Ciel m'a fait naiſtre,
Mais c'eſt vne imprudence aſſez commune aux Rois
D'eſcouter trop d'aduis & ſe tromper au choix.
Le deſtin les aueugle au bord du precipice,
Ou ſi quelque lumiere en leur ame ſe gliſſe,
Ceſte fauſſe clarté dont il les esbloüit
Les plonge dans vn goufre, & puis s'eſuanoüit.

PHOTIN.

I'ay mal cognû Ceſar, mais puiſqu'en ſon eſtime
Vn ſi rare ſeruice eſt vn enorme crime,
Sire, il porte en ſon flanc dequoy nous en lauer,
Ceſt là qu'eſt noſtre grace, il nous l'y faut trouuer
Ie ne vous parle plus de ſouffrir ſans murmure,
D'attendre ſon depart pour vanger ceſte iniure,

Ie fçay mieux conformer les remedes au mal;
Iuftifions fur luy la mort de fon riual,
Et noftre main alors également trempée
Et du fang de Cefar & du fang de Pompée,
Rome, fans leur donner de tiltres differents,
Se croira par vous feul libre de deux tyrans.

PTOLOMEE.

Oüy, oüy, ton fentiment en fin eft veritable,
C'eft trop craindre celuy que i'ay fait redoutable,
Monftrons que fa fortune eft l'œuure de nos mains,
Deux fois en mefme iour difpofons des Romains,
Faifons leur liberté comme leur efclauage,
Cefar, que tes exploits n'enflent plus ton courage,
Confidere les miens, tes yeux en font tefmoings,
Pompée eftoit mortel, & tu ne l'es pas moins.
Il pouuoit plus que toy, tu luy portois enuie,
Tu n'as, non plus que luy, qu'vne ame & qu'vne vie,
Et fon fort que tu plains te doit faire penfer
Que ton cœur eft fenfible & qu'on le peut percer.
Tonne, tonne à ton gré, fay peur de ta iuftice,
C'eft à moy d'appaifer Rome par ton fupplice,
C'eft à moy de punir ta cruelle douceur
Qui n'efpargne en vn Roy que le fang de fa fœur,
Et n'abandonner pas ma vie & ma puiffance
Au hazard de fa hayne, ou de ton inconftance,

Ny souffrir que demain tu puisses à ce prix
Recompenser sa flâme, ou punir ses mespris.
I'employeray contre toy de plus nobles maximes,
Tu m'as prescrit tantost de choisir des victimes,
De bien penser au choix, i'obeis, & ie voy
Que ie n'en puis choisir de plus dignes que toy,
Ny dont le sang offert, la fumée, & la cendre,
Puissent mieux satisfaire aux Manes de ton gendre.
Mais ce n'est pas assez, amis, de s'irriter,
Il faut voir quels moyens on à d'executer,
Toute ceste chaleur est peut-estre inutile,
Les soldats du tyran sont maistres de la ville,
Que pouuons nous contre eux, & pour les preuenir
Quel temps deuons-nous prendre, & quel ordre tenir?

ACHILLAS.

Nous pouuõs beaucoup, Sire, en l'estat où nous sommes,
A deux milles d'icy vous auez six mille hommes
Que depuis quelques iours craignant des remuements
Ie faisois tenir prests à tous euenements.
Quelques soings qu'ait Cesar, sa prudence est deceuë,
Ceste ville a soubs terre vne secrette issuë,
Par où fort aysement on les peut ceste nuict
Iusques dans le Palais introduire sans bruit:
Car contre sa fortune aller à force ouuerte,
Ce seroit trop courir vous mesme à vostre perte,

Il nous le faut surprendre au milieu du festin,
Enyuré des douceurs de l'amour du & vin. •
Tous le peuple est pour nous , tantost à son entrée
I'ay remarqué l'horreur qu'il a soudain monstrée,
Lors qu'auec tant de fast il a veu ses faisceaux
Marcher arrogamment & brauer nos drapeaux.
Au spectacle insolent de ce pompeux outrage,
Ses farouches regards estinceloient de rage ,
Ie voyois sa fureur à peine se dompter,
Et pour peu qu'on le pousse, il est prest d'esclater.
Mais sur tout, les Romains que commandoit Septime,
Pressez de la terreur que sa mort leur imprime,
Ne cherchent qu'à vanger par vn coup genereux
Le mespris qu'en leur Chef ce superbe a fait d'eux.

PTOLOMEE.

Mais qui pourra de nous approcher sa personne,
Si durant le festin sa garde l'enuironne ?

PHOTIN.

Les gens de Cornelie, entre qui vos Romains
Ont desia recognû des freres, des germains,
Dont l'aspre desplaisir leur a laissé paroistre
Vne soif d'immoler leur tyran à leur maistre.
Ils ont donné parole, & peuuent mieux que nous
Dans les flancs de Cesar porter les premiers coups.

Son faux art de clemence, ou pluſtoſt ſa folie
Qui penſe gagner Rome en flattant Cornelie,
Leur donnera ſans doute vn aſſez libre accez
Pour de ce grand deſſein aſſeurer le ſuccez.
Mais voicy Cleopatre, agiſſez auec feinte,
Sire, & ne luy montrez que foibleſſe & que crainte,
Nous allons vous quitter, comme obiects odieux
Dont l'aſpect importun offenceroit ſes yeux.

PTOLOMEE.

Allez, ie vous rejoins.

SCENE II.

PTOLOMEE, CLEOPATRE, ACHOREE, CHARMION.

CLEOPATRE.

I'AY veu Ceſar, mon frere,
Et de tout mon pouuoir combatu ſa cholere.

PTOLOMEE.

Vous eſtes generouſe, & i'auois attendu
Ceſte office de ſœur que vous m'auez rendu;

Mais

Mais cét illuftre amant vous à bientoft quittée.

CLEOPATRE.

Sur quelque broüillerie en la ville excitée
Il a voulu luy mefme appaifer les debats
Qu'auec nos citoyens ont pris quelques foldats,
Et moy, i'ay bien voulu moy-mefme vous redire
Que vous ne craigniez riê pour vous ny voftre Empire,
Et que le grand Cefar blafme voftre action
Auec moins de couroux que de compaßion.
Il vous plaint d'efcouter ces lâches Politiques
Qui n'infpirent aux Roys que des mœurs tyranniques,
Ainfi que la naißance ils ont les efprits bas,
En vain on les efleue à regir des Eftats,
Vn cœur né pour feruir fçait mal comme on commande,
Sa puißance l'accable alors qu'elle eft trop grande,
Et fa main que le crime en vain fait redouter
Laiße choir le fardeau qu'elle ne peut porter.

PTOLOMEE.

Vous dites vray, ma fœur, & ces effets finiftres
Me font bien voir ma faute au choix de mes Miniftres.
Si i'auois efcouté de plus nobles confeils,
Ie viurois dans la gloire où viuent mes pareils,
Ie meriterois mieux cette amitié fi pure
Que pour vn frere ingrat vous donne la nature,

I

Cefar embrasseroit Pompée en ce Palais,
Noftre Egipte à la terre auroit rendu la paix,
Et verroit fon Monarque encor à iufte tiltre,
Amy de tous les deux, & peut-eftre l'arbitre.
Mais puifque le paffé ne fe peut reuoquer,
Trouuez bon qu'auec vous mon cœur s'ofe expliquer.
Ie vous ay mal traitée, & vous eftes fi bonne
Que vous me conferuez la vie & la Couronne;
Vainquez vous tout a fait, & par vn digne effort
Arrachez Achillas & Photin à la mort.
Elle leur eft bien deuë, ils vous ont offencée;
Mais ma gloire en leur perte eft trop intereffée,
Si Cefar les punit des crimes de leur Roy,
Toute l'ignominie en rejaillit fur moy,
Il me punit en eux, leur fupplice eft ma peine:
Forcez en ma faueur vne trop iufte haine,
Dequoy peut fatisfaire vn cœur fi genereux
Le fang abiect & vil de ces deux malheureux?
Que ie vous doiue tout, Cefar cherche à vous plaire,
Vous pouuez d'vn coup d'œil defarmer fa cholere;

CLEOPATRE.

Si i'auois en mes mains leur vie & leur treffas
Ie les mefprife affez pour ne m'en vanger pas,
Mais fur le grand Cefar ie puis fort peu de chofe
Quand le fang de Pompée à mes defirs s'oppofe.

Ie ne me vante pas de le pouuoir flechir,
I'en ay desia parlé, mais il a sceu gauchir,
Et tournant le discours sur vne autre matiere
Il n'a ny refusé, ny souffert ma priere:
Ie veux bien toutefois encor m'y hazarder,
Mes efforts redoublez pourront mieux succeder,
Et i'ose croire.....

PTOLOMEE.

Il vient, soufrez que ie l'éuite,
Ie crains que de nouueau ma presence l'irrite,
Elle pourroit l'aigrir au lieu de l'esmouuoir,
Et vous agirez seule auec plus de pouuoir.

SCENE III.

CESAR, CLEOPATRE, ANTOINE,
LEP. CHAR. ACHOREE, Romains.

CESAR.

Reyne, tout est paisible & la ville calmée
Qu'vn trouble assez leger auoit trop alarmée
N'a plus à redouter le diuorce intestin
Du soldat insolent & du peuple mutin.
Mais, ô Dieux ! ce moment que ie vous ay quittée
D'vn trouble bien plus grand à mon ame agitée,
Et ces soings importuns qui m'arrachoient de vous
Contre ma grandeur mesme allumoient mon couroux.
Ie luy voulois du mal de m'estre si contraire,
De rendre ma presence ailleurs si necessaire,
Mais ie luy pardonnois au simple souuenir
Du bon-heur qu'à ma flâme elle fait obtenir.
C'est-elle dont ie tiens ceste haute esperance
Qui flatte mes desirs d'vne illustre apparence,
Et fait croire à Cesar qu'il peut former des vœux,
Qu'il n'est pas tout à fait indigne de vos feux,

Et qu'il en peut pretendre vne iuste conqueste
N'ayant plus que les Dieux au deſſus de ſa teste.
Oüy, Reyne, ſi quelqu'vn dans ce vaſte Vniuers
Pouuoit porter plus haut la gloire de vos fers,
S'il eſtoit quelque Trône où vous peuſſiez paroiſtre
Plus hautement aſſiſe en captiuant ſon maiſtre,
I'irois, i'irois à luy, moins pour le luy rauir,
Que pour luy diſputer le droit de vous ſeruir,
Et ie n'aſpirerois au bon-heur de vous plaire
Qu'apres auoir mis bas vn ſi digne aduerſaire.
C'eſtoit pour acquerir vn droit ſi pretieux
Que combattoit par tout mon bras ambitieux,
Et dans Pharſale meſme il a tiré l'eſpée
Plus pour le conſeruer que pour vaincre Pompée,
Ie l'ay vaincu, Princeſſe, & le Dieu des combats
M'y fauoriſoit moins que vos diuins appas,
Ils conduiſoient ma main, ils enfloient mon courage,
Ceſte pleine victoire eſt leur dernier ouurage,
C'eſt l'effet des ardeurs qu'ils daignoient m'inſpirer,
Et vos beaux yeux en fin m'ayant fait souſpirer,
Pour faire que voſtre ame auec gloire y reſponde,
M'ont rendu le premier & de Rome & du Monde,
C'eſt ce glorieux tiltre à preſent effectif
Que ie viens annoblir par celuy de captif,
Heureux, ſi mon eſprit gaigne tant ſur le voſtre,
Qu'il en eſtime l'vn & me permette l'autre.

CLEOPATRE.

Ie ſçay ce que ie doibs au ſouuerain bon-heur
Dont me comble & m'accable vn tel excez d'honneur,
Ie ne vous tiendray plus mes paſsions ſecrettes,
Ie ſçay ce que ie ſuis, ie ſçay ce que vous eſtes,
Vous daignaſtes m'aymer des mes plus ieunes ans,
Le Sceptre que ie porte eſt vn de vos preſens,
Vous m'auez par deux fois rendu le Diadéme,
I'aduoüe apres cela, Seigneur, que ie vous ayme,
Et que mon cœur n'eſt point à l'eſpreuue des traicts
Ny de tant de vertus, ny de tant de bien-faits.
Mais, helas! ce haut rang, ceſte illuſtre naiſſance,
Cet Eſtat de nouueau rangé ſoubs ma puiſſance,
Ce Sceptre par vos mains dans les miennes remis,
A mes vœux innocents ſont autant d'ennemis.
Ils allument contr'eux vne implacable hayne,
Ils me font meſpriſable alors qu'ils me font Reyne,
Et ſi Rome eſt encor telle qu'auparauant
Le Thrône où ie me ſieds m'abaiſſe en m'eſleuant,
Et ces marques d'honneur, comme tiltres infames,
Me rendent à iamais indigne de vos flâmes.
I'oſe encor toutefois voyant voſtre pouuoir
Permettre à mes deſirs vn genereux eſpoir,
Apres tant de combats, ie ſçay qu'vn ſi grand hōme
A droit de triompher des caprices de Rome,

Et que l'iniuſte horreur qu'elle eut touſiours des Rois
Peut ceder par voſtre ordre à de plus iuſtes loix ;
Ie ſçay que vous pouuez forcer d'autres obſtacles,
Vous me l'auez promis, & i'attens ces miracles,
Voſtre bras dans Pharſale a fait de plus grands coups,
Et ie ne les demande à d'autres Dieux qu'à vous.

CESAR.

Tout miracle eſt facile où mon amour s'applique,
Ie n'ay plus qu'à courir les coſtes de l'Afrique,
Qu'à monſtrer mes drapeaux au reſte eſpouuanté
Du party malheureux qui m'a perſecuté.
Rome n'ayant plus lors d'ennemis à me faire
Par impuiſſance enfin prendra ſoin de me plaire,
Et vos yeux la verront par vn ſuperbe accueil
Immoler à vos pieds ſa hayne & ſon orgueil.
Encore vne defaite, & dans Alexandrie
Ie veux que cette ingrate en ma faueur vous prie,
Et qu'vn iuſte reſpect conduiſant ſes regards
A voſtre chaſte amour demande des Ceſars.
C'eſt l'vnique bonheur où mes deſirs pretendent,
C'eſt le fruict que i'attens des lauriers qui m'attendent,
Heureux, ſi mon deſtin encore vn peu plus doux
Me les faiſoit cueillir ſans m'eſloigner de vous.
Mais, las ! contre mon feu mon feu me ſollicite,
Si ie veux eſtre à vous, il faut que ie vous quitte,

En quelques lieux qu'on fuye, il me faut y courir
Pour acheuer de vaincre & de vous conquerir.
Permettez cependant qu'à ces douces amorces
Ie prenne vn nouueau cœur, & de nouuelles forces,
Pour faire dire encor aux peuples plains d'effroy
Que venir, voir, & vaincre, est mesme chose en moy.

CLEOPATRE.

C'est trop, c'est trop, Seigneur, soufrez que i'en abuse,
Vostre amour fait ma faute, il fera mon excuse.
Vous me rendez le Sceptre, & peut estre le iour:
Mais si i'ose abuser de cét excez d'amour,
Ie vous coniure encor par ses plus puissants charmes,
Par ce iuste bon-heur qui suit tousiours vos armes,
Par tout ce que i'espere, & que vous attendez,
De n'ensanglanter pas ce que vous me rendez;
Faites grace, Seigneur, ou soufrez que i'en donne,
Et fasse voir par là que i'entre à la Couronne.
Achillas & Photin sont gens à desdaigner,
Ils sont assez punis en me voyant regner,
Et leur crime.....

CESAR.

Ah! prenez d'autres marques de Reyne,
Dessus mes volontez, vous estes souueraine,
Mais si mes sentiments peuuent estre escoutez,
Choisissez des suiets dignes de vos bontez,

Ne

Ne vous donnez sur moy qu'vn pouuoir legitime,
Et ne me rendez point complice de leur crime.
C'est beaucoup que pour vous i'ose espargner le Roy,
Et si mes feux n'estoient.....

SCENE IV.

CESAR, CORNELIE, CLEOPATRE,
ACHOREE, ANTOINE, LEPIDE,
CHARMION, Romains.

CORNELIE.

Cesar, pren garde à toy.
Ta mort est resoluë, on la iure, on l'apreste,
A celle de Pompée on veut ioindre ta teste,
Prens y garde, Cesar, ou ton sang respandu
Bien-tost parmy le sien se verra confondu,
Mes esclaues en sont, appren de leurs indices
L'autheur de l'attentat, & l'ordre, & les complices,
Ie te les abandonne.

K

CESAR.

O cœur vraiment Romain,
Et digne du Heros qui vous donna la main !
Ses Manes qui du Ciel ont veu de quel courage
Ie preparois la mienne à vanger son outrage,
Mettant leur hayne bas me sauuent auiourd'huy
Par la moitié qu'en terre il a laiſſé de luy.
Quoy que la perfidie ait oſé ſur ſa trame,
Il vit encore en vous, il agit dans voſtre ame,
Il la pouſſe, & l'oppoſe à cette indignité
Pour me vaincre par elle en generoſité.

CORNELIE.

Tu te flattes, Ceſar, de mettre en ta croyance
Que la hayne ait fait place à la recognoiſſance,
Ne le preſume plus, le ſang de mon Eſpoux
A rompu pour iamais tout commerce entre nous :
I'attens la liberté qu'icy tu m'as offerte,
Afin de l'employer toute entiere à ta perte,
Et ie te chercheray par tout des ennemis,
Si tu m'oſes tenir ce que tu m'as promis.
Mais auec ceſte ſoif que i'ay de ta ruine,
Ie me iette au deuant du coup qui t'aſſaſſine,
Et forme des deſirs auec trop de raiſon
Pour en aymer l'effect par vne trahiſon.

Qui la sçait, & la soufre, a part à l'infamie,
Si ie veux ton trespas, c'est en iuste ennemye,
Mon espoux a des fils, il aura des nepueux,
Quand ils te combattront, c'est là que ie le veux,
Et qu'vne digne main par moy mesme animée,
Dans ton champ de bataille, aux yeux de ton armée,
T'immole noblement & par vn digne effort
Aux Mânes du Heros dont tu vanges la mort.
Tous mes soins, tous mes vœux hastent ceste vangeance,
Ta perte la recule, & ton salut l'auance,
Quelque espoir qui d'ailleurs me l'ose, ou puisse offrir,
Ma iuste impatience auroit trop à souffrir.
La vangeance esloignée est à demy perduë,
Quand il la faut attendre, elle est trop cher venduë,
Ie n'iray point chercher sur les bords Afriquains
Le foudre punisseur que ie vois en tes mains,
La teste qu'il menace en doibt estre frappée:
I'ay peu donner la tienne au lieu d'elle à Pompée,
Ma hayne auoit le choix, mais cette hayne enfin
Separe son vainqueur d'auec son assassin,
Et me laisse encor voir qu'il y va de ma gloire
De punir son audace autant que ta victoire.
Rome le veut ainsi, son adorable front
Auroit dequoy rougir d'vn trop honteux affront,
De voir en mesme iour apres tant de conquestes
Soubs vn indigne fer ses deux plus nobles testes.

Son grand cœur qu'à tes loix en vain tu crois soufmis
En veut aux criminels plus qu'à ses ennemis,
Et tiendroit à malheur le bien de se voir libre
Si l'attentat du Nil affranchissoit le Tybre.
Comme autre qu'vn Romain n'a peû l'affuiettir,
Autre aussi qu'vn Romain ne l'en doit garantir.
Tu tomberois icy fans estre sa victime,
Au lieu d'vn chastiment ta mort seroit vn crime,
Et fans que tes pareils en conceuffent d'effroy
L'exemple que tu dois periroit auec toy.
Vange la de l'Egipte à fon appuy fatale,
Et ie la vangeray, si ie puis, de Pharfale.
Va, ne perds point de temps, il preffe, Adieu, tu peux
Te vanter qu'vne fois i'ay fait pour toy des vœux.

SCENE V.

CESAR, CLEOPATRE, ANTOINE, LEPIDE, ACHOREE, CHARMION.

CESAR.

Son courage m'eſtonne autant que leur audace,
Reyne, voyez pour qui vous me demandiez grace.

CLEOPATRE.

Ie n'ay rien à vous dire, allez, Seigneur, allez
Vanger ſur ces meſchants tant de droits violez,
On m'en veut plus qu'à vous, c'eſt ma mort qu'ils reſpi-
C'eſt contre mon pouuoir que les traiſtes cõſpirent, [rent,
Leur rage pour l'abattre attaque mon ſouſtien,
Et par voſtre treſpas cherche vn paſſage au mien.
Mais parmy ces tranſports d'vne iuſte colere
Ie ne puis oublier que leur Chef eſt mon frere,
Le ſçaurez-vous, Seigneur, & pourray-je obtenir
Que ce cœur irrité daigne s'en ſouuenir ?

K iij

CESAR.

Oüy, ie me souuiendray que ce cœur magnanime
Au bonheur de son sang veut pardonner son crime :
Adieu, ne craigneʒ rien, Achillas & Photin
Ne sont pas gens à vaincre vn si puissant destin,
Pour les mettre en déroute, eux, & tous leurs cõplices,
Ie n'ay qu'à desployer l'appareil des supplices,
Et pour soldats choisis enuoyer des bourreaux
Qui portent hautement mes haches pour drapeaux.

Cesar rentre auec les Romains.

CLEOPATRE.

Ne quittez pas Cesar, allez cher Achorée,
Repousser auec luy ma mort qu'on a iurée,
Et quand il punira nos lâches ennemis
Faites le souuenir de ce qu'il m'a promis,
Ayez l'œil sur le Roy dans la chaleur des armes,
Et conseruez son sang pour espargner mes larmes.

ACHOREE.

Madame, asseurez vous qu'il ne peut y perir,
Si mon zele & mes soins le peuuent secourir.

Fin du quatriesme Acte.

ACTE V.

SCENE PREMIERE.

CORNELIE, tenant vne petite vrne en sa main,
PHILIPPE.

CORNELIE.

MES yeux, puis-je vous croire, & n'estce point
    vn songe
Qui sur mes tristes vœux a formé ce men-
    songe?
Te reuoy-ie, Philippe, & cét espoux si cher
A-t'il receu de toy les honneurs du bucher?
Cette vrne que ie tiens contient-elle sa cendre?
O vous, à ma douleur obiet terrible & tendre,
Eternel entretien de hayne & de pitié,
Reste du grand Pompée, escoutez sa moitié.

N'attendez point de moy de regrets, ny de larmes;
Vn grand cœur à ses maux applique d'autres charmes,
Les foibles desplaisirs s'amusent à parler,
Et quiconque se plaint cherche à se consoler.
Moy, ie iure des Dieux la puissance supresme,
Et pour dire encor plus, ie iure par vous-mesme,
Car vous pouuez bien plus sur ce cœur affligé
Que le respect des Dieux qui l'ont mal protegé.
Ie iure donc par vous, ô pitoyable reste,
Ma diuinité seule apres ce coup funeste,
De n'esteindre iamais, ny laisser affoiblir
L'ardeur de le vanger dont ie veux m'ennoblir.
Ptolomée à Cesar par vn lâche artifice,
Rome, de ton Pompée a fait vn sacrifice,
Et ie n'entreray point dans tes murs desolés
Que le Prestre & le Dieu ne luy soient immolés.
Faites m'en souuenir, & soustenez ma haine,
O cendres, mon espoir aussi bien que ma peine,
Et pour m'ayder vn iour à perdre son vainqueur
Versez dans tous les cœurs ce que ressent mon cœur.
Toy qui l'as honoré sur cette infame riue
D'vne flâme pieuse autant comme chetifue,
Dy moy, quel bon Demon a mis en ton pouuoir
De rendre à ce Heros ce funebre deuoir.

PHILIPPE.

PHILIPPE]

Tout couuert de son sang, & plus mort que luy mesme,
Apres auoir cent fois maudit le Diadéme,
Madame, ie portay mes pas & mes sanglots
Du costé que le vent poussoit encor les flots,
Ie cours long-temps en vain, mais enfin d'vne roche
I'en descouure le tronc vers vn sable assez proche,
Où la vague en couroux sembloit prendre plaisir
A feindre de le rendre & puis s'en ressaisir.
Ie m'y iette, & l'embrasse, & le pousse au riuage,
Et ramassant soubs luy le debris d'vn naufrage
Ie luy dresse vn buscher à la haste, & sans art,
Tel que ie pûs sur l'heure, & qu'il plût au hazard.
A peine brusloit-il, que le Ciel plus propice
M'enuoye vn compagnon en ce pieux office,
Cordus, vn vieux Romain qui demeure en ces lieux,
Retournant de la ville y destourne les yeux,
Et n'y voyant qu'vn tronc dont la teste coupée,
A cette triste marque il recognoist Pompée.
Soudain la larme à l'œil, ô toy, qui que tu sois,
A qui le Ciel permet de si dignes emplois,
Ton sort est bien, dit il, autre que tu ne penses,
Tu crains des chastimens, atten des recompenses,
Cesar est en Egipte & vange hautement
Celuy pour qui ton zele à tant de sentiment.

L

Tu peux mesme à sa veüe en reporter la cendre,
Dans ces murs que tu vois bastis par Alexandre
Son vainqueur la receuë auec tout le respect
Qu'vn Dieu pourroit icy trouuer à son aspect,
Acheue, ie reuiens. Il part, & m'abandonne,
Et rapporte aussi tost ce vase qu'il me donne,
Où sa main & la mienne en fin ont renfermé
Ces restes d'vn Heros par le feu consommé.

CORNELIE.

O que sa pieté merite de loüanges!

PHILIPPE.

En entrant i'ay trouué des desordres estranges.
Tout vn grand peuple armé fuyoit deuers le port
Ou le Roy, disoit-on, s'estoit fait le plus fort,
Les Romains poursuiuoient, & Cesar dans la place
Ruisselante du sang de cette populace,
Monstroit de sa iustice vn exemple assez beau
Faisant passer Photin par les mains d'vn bourreau.
Aussi-tost qu'il me voit, il d'aigne me cognoistre,
Et prenant de ma main les cendres de mon maistre,
Restes d'vn Demydieu dont à peine ie puis
Esgaler le grand nom, tout vainqueur que i'en suis,
De vos traistres, dit-il, voyez punir les crimes,
Attendant des Autels receues ces victimes,

Bien d'autres vont les suiure, & toy, cours au Palais
Porter à sa moitié ce don que ie luy fais,
Porte à ses desplaisirs cette foible allegeance,
Et luy dy que ie cours acheuer sa vangeance.
Ce grand homme à ces mots, me quitte en souspirant,
Et baise auec respect ce vase qu'il me rend.

CORNELIE.

Ô souspirs! ô respect! ô qu'il est doux de plaindre
Le sort d'vn ennemy quand il n'est plus à craindre!
Qu'auec chaleur, Philippe, on court à le vanger
Quand on s'y voit forcé par son propre danger,
Et que cét interest qu'on prend pour sa memoire
Fait nostre seureté comme il croist nostre gloire!
Cesar est genereux, i'en veux estre d'accord,
Mais le Roy le veut perdre, & son rival est mort,
Sa vertu laisse lieu de douter à l'enuie
De ce qu'elle feroit s'il le voyoit en vie,
Pour grand qu'en soit le prix, son peril en rabat,
Cette ombre qui la couure en affoiblit l'esclat,
L'amour mesme s'y mesle, & le force à combatre,
Quand il vange Pompée il defend Cleopatre:
Tant d'interests sont joins à ceux de mon Espoux,
Que ie ne deurois rien à ce qu'il fait pour nous,
Si comme par soy mesme vn grand cœur iuge vn autre
Ie n'aymois mieux iuger sa vertu par la nostre,

L ij

Et croire que nous seuls armons ce combatant,
Parce qu'au point qu'il est, i'en voudrois faire autant.

SCENE II.

CLEOPATRE, CORNELIE, PHILIPPE,
CHARMION.

CLEOPATRE.

IE ne viens pas icy pour troubler vne plainte
Trop iuste à la douleur dont vous estes atteinte,
Ie viens pour rendre hommage aux cendres d'vn Heros
Qu'vn fidelle affranchy vient d'arracher aux flots,
Pour le plaindre auec vous, & vous iurer, Madame,
Que i'aurois conserué ce maistre de vostre ame,
Si le Ciel qui vous traite auec trop de rigueur
M'en eust donné la force aussi bien que le cœur.
Si pourtant à l'aspect de ce qu'il vousrenuoye
Vos douleurs laissoient place à quelque peu de ioye,
Si la vengeance auoit dequoy vous soulager,
Ie vous dirois aussi qu'on vient de vous vanger,

Que le traiſtre Photin, vous le ſçauez, peut eſtre.

CORNELIE.

Oüy, Princeſſe, ie ſçay qu'on a puny ce traiſtre.

CLEOPATRE.

Vn ſi prompt chaſtiment vous doit eſtre bien doux.

CORNELIE.

S'il a quelque douceur, elle n'eſt que pour vous.

CLEOPATRE.

Tous les cœurs trouuent doux le ſuccez qu'ils eſperent.

CORNELIE.

Comme nos intereſts nos ſentiments different,
Si Ceſar à ſa mort ioint celle d'Achillas,
Vous eſtes ſatisfaite & ie ne la ſuis pas.
Aux Manes de Pompée il faut vne autre offrande,
La victime eſt trop baſſe, & l'iniure eſt trop grande,
Et ce n'eſt pas vn ſang que pour la reparer
Son ombre & ma douleur daignent conſiderer.
L'ardeur de le vanger dans mon ame allumée
En attendant Ceſar demande Ptolomée:
Tout indigne qu'il eſt de viure & de regner
Ie ſçay bien que Ceſar ſe force à l'eſpargner,

L iij

Mais quoy que son amour ait osé vous promettre,
Le Ciel plus iuste enfin n'osera le permettre,
Et s'il peut vne fois escouter tous mes vœux,
Par la main l'vn de l'autre ils periront tous deux.
Mon ame à ce bon-heur, si le Ciel me l'enuoye,
Oubliera ses douleurs pour s'ouurir à la ioye,
Mais si ce grand souhait demande trop pour moy,
Si vous n'en perdez qu'vn, ô Ciel, perdez le Roy.

CLEOPATRE.

Le Ciel sur nos souhaits ne regle pas les choses.

CORNELIE.

Le Ciel regle souuent les effets par les causes,
Et rend aux criminels ce qu'ils ont merité.

CLEOPATRE.

Comme de la iustice, il a de la bonté.

CORNELIE.

Oüy, mias il fait iuger, à voir comme il commence
Que sa iustice agit et non pas sa clemence.

CLEOPATRE.

Souuent de la iustice il passe à la douceur.

CORNELIE.

Reyne , ie parle en vefue, & vous parlez en sœur,
Chacune à son suiet d'aigreur , ou de tendresse
Qui dans le sort du Roy iustement l'interesse :
Aprenons par le sang qu'on aura respandu
A quels souhaits le Ciel aura mieux respondu,
Voicy vostre Achorée.

SCENE III.

CORNELIE, CLEOPATRE, ACHOREE, PHILIPPE, CHARMION.

CLEOPATRE.

HElas! sur son visage
Rien ne s'offre à mes yeux que de mauuais presage.
Ne nous desguisez, rien, parlez sans me flatter,
Qu'ay-je à craindre, Achorée, ou qu'ay-je à regretter?

ACHOREE.

Aussi-tost que Cesar eust sceu la perfidie.....

CLEOPATRE.

'Ah ! ce n'eſt pas ſes ſoins que ie veux qu'on me die,
Ie ſçay qu'il fit trancher & clorre ce conduit
Par où ce grand ſecours deuoit eſtre introduit,
Qu'il manda tous les ſiens pour s'aſſeurer la plase
Ou Photin a receu le prix de ſon audace,
Que d'vn ſi prompt ſupplice Achillas eſtonné
S'eſt aiſément ſaiſi du port abandonné,
Que le Roy la ſuiuy, qu'Antoine a mis à terre
Ce qui dans ſes vaiſſeaux reſtoit des gens de guerre,
Que Ceſar la reioint, & ie ne doute pas
Qu'il n'ait ſceu vaincre encor & punir Achillas.

ACHOREE.

Oüy, Madame, on a veu ſon bon-heur ordinaire....

CLEOPATRE.

Dites moy ſeulement s'il a ſauué mon frere,
S'il m'a tenu promeſſe.

ACHOREE.

Oüy, de tout ſon pouuoir.

CLEOPATRE.

C'eſt là l'vnique point que ie voulois ſçauoir.
Madame, vous voyez, les Dieux m'ont eſcoutée.

CORNELIE.

CORNELIE.

Ils n'ont que differé la peine meritée.

CLEOPATRE.

Vous la vouliez sur l'heure, ils l'en ont garanty.

ACHOREE.

Du moins Cesar l'eust fait, s'il l'auoit consenty.

CLEOPATRE.

Que disiez vous n'aguere, & que vien-je d'entendre?
Accordez ces discours que i'ay peine à comprendre.

ACHOREE.

Ny vos vœux, ny nos soins n'ont pû le secourir,
Malgré Cesar & vous il à voulu perir,
Mais il est mort, Madame, auec toutes les marques
Dont esclatent les morts des plus dignes Monarques,
Sa vertu rappelée a soustenu son rang,
Et sa perte aux Romains a bien cousté du sang.
Il combatoit Antoine auec tant de courage
Qu'il emportoit desia sur luy quelque auantage,
Mais l'abord de Cesar a changé le destin,
Aussi-tost Achillas suit le sort de Photin,
Il meurt, mais d'vne mort trop belle pour vn traistre,
Les armes à la main en defendant son maistre.

M

Le vainqueur crie en vain qu'on espargne le Roy,
Ces mots au lieu d'espoir luy donnent de l'effroy,
Son esprit alarmé les croit vn artifice
Pour reseruer sa teste aux hontes d'vn suplice,
Il pousse dans nos rangs, il les perce, & fait voir
Ce que peut la vertu qu'arme le desespoir,
Et son cœur indigné que cette erreur abuse
Cherche par tout la mort que chacun luy refuse.
En fin perdant haleine apres ces grands efforts
Prest d'estre enuironné, ses meilleurs soldats morts,
Il voit quelques fuyards sauter dans vne barque,
Il s'y iette, & les siens qui suiuent leur Monarque
D'vn tel nombre à la foule accablent ce vaisseau
Que la mer l'engloutit auec tout son fardeau.
C'est ainsi que sa mort luy rend toute sa gloire,
A vous toute l'Egipte, à Cesar la victoire,
Il vous proclame Reine, & quoy que ses Romains
Au sang que vous pleurez, n'ayent point trempé leurs
    mains,
Il monstre toutefois vn desplaisir extresme,
Il souspire, il gemit, mais le voicy luy-mesme,
Qui pourra mieux que moy vous dire la douleur
Que luy donne du Roy l'inuincible malheur.

SCENE IV.

CESAR, CORNELIE, CLEOPATRE,
ANTOINE, LEPIDE, ACHOREE,
CHARMION, PHILIPPE.

CORNELIE.

Esar, tien moy parole, & me rends mes galeres,
Achillas & Photin ont receu leurs salaires,
Leur Roy n'a peû ioüyr de ton cœur adoucy,
Et Pompée est vangé ce qu'il peut l'estre icy.
Ie n'y puis plus rien voir qu'vn funeste riuage
Qui de leur attentat m'offre l'horrible image,
Ta nouuelle victoire, & le bruit esclatant
Qu'aux changemens de Roy pousse vn peuple incôstât,
Et de tous les obiets celuy qui plus m'afflige,
I'y voy tousiours en toy l'ennemy qui m'oblige.
Laisse moy m'affranchir de cette indignité,
Et souffre que ma haine agisse en liberté.

M ij

A cét empreſſement jadiouſte vne requeſte,
Voy l'vrne de Pompée, il y manque ſa teſte,
Ne me la retiens plus, c'eſt l'vnique faueur
Dont ie te puis encor prier auec honneur.

CESAR.

Il eſt iuſte, & Ceſar eſt tout preſt de vous rendre
Ce reſte où vous auez tant de droit de pretendre :
Mais il eſt iuſte auſſi qu'apres tant de ſanglots
A ſes Manes errants nous rendions le repos,
Qu'vn bucher allumé par ma main & la voſtre
Le vange pleinement de la honte de l'autre,
Que ſon ombre s'appaiſe en voyant noſtre ennuy,
Et qu'vne vrne plus digne & de vous & de luy
Apres la flâme eſteinte & les pompes finies
Renferme auec eſclat ſes cendres reunies,
De cette meſme main dont il fut combatu
Il verra des Autels dreſſez à ſa vertu,
Il receura des vœux, de l'encens, des victimes,
Et ne receura point d'honneurs illegitimes.
Pour ces pieux deuoirs ie ne veux que demain,
Ne me refuſez pas ce bonheur ſouuerain,
Faite vn peu de force à voſtre impatience,
Vous eſtes libre apres, partez en diligence,
Portez à noſtre Rome vn ſi digne Treſor,
Portez.....

CORNELIE.

Non pas Cesar, non pas à Rome encor:
Il faut que ta deffaite, & que tes funerailles
A cette cendre aymée en ouure les murailles,
Et quoy qu'elle la tienne auſſi chere que moy
Elle ny doit rentrer qu'en triomphant de toy.
Ie la porte en Afrique, & c'eſt là que i'eſpere
Que les fils de Pompée, & Caton, & mon pere,
Secondez des efforts d'vn Roy plus genereux
Ainſi que la iuſtice auront le ſort pour eux.
C'eſt là que tu verras ſur la terre & ſur l'onde
Le debris de Pharſale armer vn autre monde,
Et c'eſt là que i'iray pour haſter tes malheurs,
Porter de rang en rang ces cendres & mes pleurs.
Ie veux que de ma haine ils reçoiuent des regles,
Qu'il ſuiuent au combat des Vrnes au lieu d'Aigles,
Et que ce triſte obiet porte à leur ſouuenir
Les ſoins de le vanger & ceux de te punir.
Tu veux à ce Heros rendre vn deuoir ſupreſme,
L'honneur que tu luy rends rejaillit ſur toy meſme;
Tu m'en veux pour teſmoin, iobeïs au vainqueur,
Mais ne preſume pas toucher par là mon cœur,
La perte que i'ay faite eſt trop irreparable,
La ſource de ma haine eſt trop ineſpuiſable,

M iij

A l'esgal de mes iours ie la feray durer,
Ie veux viure auec elle, auec celle expirer.
Ie t'aduoüeray pourtant, comme vrayement Romaine,
Que pour toy mon estime est esgale à ma haine,
Que l'vne & l'autre est iuste & monstre le pouuoir
L'vne de ta vertu, l'autre de mon deuoir,
Que l'vne est genereuse, & l'autre interessée,
Et que dans mon esprit l'vne & l'autre est forcée :
Et comme ta vertu qu'en vain on veut trahir,
Me force de priser ce que ie doibs hayr,
Iuge ainsi de la haine ou mon deuoir me lie
La vefue de Pompée y force Cornelie.
I'iray, n'en doute point, au sortir de ces lieux
Soufleuer contre toy les hommes & les Dieux,
Ces Dieux qui t'ont flatté, ces Dieux qui m'ont trôpée,
Ces Dieux qui dans Pharsale ont mal seruy Pompée,
Qui la foudre à la main l'ont pû voir esgorger,
Ils cognoistront leur faute, & le voudront vanger.
Mon zele à leur refus aydé de sa memoire
Te sçaura bien sans eux arracher la victoire.
Et quand tout mon effort se trouuera rompû
Cleopatre fera ce que ie n'auray pû.
Ie sçay quelle est ta flâme & quelle sont ses forces,
Que tu n'ignores pas comme on fait les diuorces,
Que ton amour t'aueugle, & que pour l'espouser
Rome n'a point de loix que tu n'oses briser,

Mais sçache aussi qu'alors la ieunesse Romaine
Se croira tout permis sur l'Espoux d'vne Reine,
Et que de cét Hymen tes amis indignés
Vangeront sur ton sang leurs aduis dedaignés.
J'empesche ta ruine empeschant tes caresses
Adieu, i'attens demain l'effet de tes promesses.

SCENE DERNIERE.

CESAR, CLEOPATRE, ANTOINE, LEPIDE, ACHOREE, CHARMION.

CLEOPATRE.

Plustost qu'à ces perils ie vous puisse exposer
Seigneur, perdez en moy ce qui les peut causer,
Sacrifiez ma vie au bonheur de la vostre,
Le mien sera trop grand & ie n'en veux point d'autre,
Indigne que ie suis d'vn Cesar pour Espoux,
Que de viure en vostre ame estant morte pour vous.

CESAR.

Reine, ces vains proiets sont le seul auantage
Qu'vn grand cœur impuissant a du Ciel en partage;

Comme il a peu de force, il a beaucoup de foins,
Et s'il pouuoit plus faire il fouhaiteroit moins.
Les Dieux empefcheront l'effet de ces augures,
Et mes felicitez n'en feront pas moins pures,
Pourueu que voftre amour gaigne fur vos douleurs
Qu'en faueur de Cefar vous tariffiez vos pleurs,
Et que voftre bonté fenfible à ma priere
Pour vn fidelle amant oublie vn mauuais frere,
On aura pû vous dire auec quel defplaifir
I'ay veu le defefpoir qu'il à voulu choifir,
Auec combien d'efforts i'ay voulu le defendre
Des Paniques terreurs qui l'auoient pû furprendre,
Il s'eft de mes bontez iufqu'au bout deffendu,
Et de peur de fe perdre il s'eft enfin perdu.
O honte pour Cefar, qu'auec tant de puiffance,
Tant de foins pour vous rendre entiere obeiffance,
Il n'ait pû toutefois en ces euenements
Obeyr au premier de vos commandements!
Prenez vous en au Ciel, dont les ordres fublimes
Malgré tous nos efforts fçauent punir les crimes,
Sa rigueur enuers luy vous ouure vn fort plus doux,
Puifque par cette mort l'Egipte eft toute à vous.

CLEOPATRE.

Ie fçay que i'en reçois vn nouueau Diadéme,
Qu'on n'en peut accufer que les Dieux, & luy-mefme,
                                        Mais

Mais comme il est, Seigneur, de la fatalité
Que l'aigreur soit meslée à la felicité,
Ne vous offencez pas si cét heur de vos armes
Qui me rend tant de biens me couste vn peu de larmes,
Et si voyant sa mort deuë à sa trahison,
Ie donne à la nature ainsi qu'à la raison.
Ie n'ouure point les yeux sur ma grandeur si proche,
Qu'aussi-tost a mon cœur mon sang ne le reproche,
I'en ressens dans mon ame vn murmure secret,
Et n'ose remonter au Throsne sans regret.

ACHOREE.

Vn grand peuple, Seigneur, dont cette court est pleine,
Par des cris redoublez, demande à voir sa Reine,
Et tout impatient desia se plaint aux Cieux
Qu'on luy donne trop tard vn bien si precieux.

CESAR.

Ne luy refusons plus le bonheur qu'il desire,
Princesse, allons par là commencer vostre Empire.
Face le iuste Ciel propice à mes desirs
Que ces longs cris de ioye estouffent vos souspirs,
Et puissent ne laisser dedans vostre pensée
Que l'image des traits dont mon ame est blessée.
Cependant qu'à l'enuy ma suite & vostre Cour
Preparent pour demain la pompe d'vn beau iour,

N

Ou dans vn digne employ l'vne & l'autre occupée
Couronne Cleopatre, & m'appaise Pompée,
Esleue à l'vne vn Throsne, à l'autre des Autels,
Et iure à tous les deux des respects immortels.

F I N.

LOVIS par le Grace de Dieu Roy de France &
de Nauarre; A nos ames & feaux Conseillers
les gens tenans nos Cours de Parlemens, Maistres des Requestes ordinaires de nostre Hostel,
Baillifs, Seneschaux, Preuosts, leurs Lieutenans, & autres nos Iusticiers & Officiers qu'il appartiendra, Salut.
Nostre amé & feal le Sieur CORNEILLE, nous a fait
remonstrer qu'il a composé deux Pieces de Theatre,
intitulées, l'vne, *la Mort de Pompée*, & l'autre *le Menteur*,
lesquelles il desireroit faire imprimer s'il auoit nos lettres à ce necessaires, qu'il nous a tres humblement suplié
luy vouloir accorder, A CES CAVSES voulant gra-
tifier l'exposant, nous luy auons permis & permettons de
faire Imprimer, vendre & debiter en tous les lieux & ter-
res de nostre obeïssance, lesdites deux pieces de Theatre,
intitulées, *la mort de Pompée & le Menteur*, par tel Im-
primeur ou Libraire, en telle marge, caractere, & autant
de fois qu'il voudra, pendant le temps & espace de dix
ans reuolus & accomplis, à compter du iour qu'ils seront
acheuez d'Imprimer pour la premiere fois. Pendant lequel
temps vous ferez, comme nous faisons, tres expres-
ses inhibitions & deffences à tous Libraires, Imprimeurs,
& autres personnes de quelque qualité & condition qu'ils
soient, d'Imprimer, faire Imprimer, vendre ny distribuer
lesdites pieces de Theatre, sous quelque pretexte que ce soit,
sans le consentement de l'exposant ou de ceux qui auront

droit de luy, à peine de mil liures damendes, aplicables vn
tiers à nous, vn tiers à l'Hostel Dieu de Paris, & l'autre tiers
à l'exposant, ou à ceux qui auront droit de luy, confis-
cation des exemplaires, & de tous despens dommages &
interests à condition qu'il en sera mis deux exemplaires en
nostre Biblioteque publique, & vn de chacune desdites pieces en celle de nostre tres cher & feal, le sieur Seguier Che-
ualier Chancelier de France auant que les exposer en ven-
te, à peine de nullité des presentes ; du contenu desquelles
vous mandons que vous faciez ioüir & vser ledit exposant ou ceux qui auront droit de luy, plainement & paisi-
blement, cessant & faisant cesser tous troubles, empesche-
mens au contraire, voulons en outre, qu'en mettant au
commencement ou à la fin de chacun des exemplaires desdites Pieces, vn extraict des presétes elles soient tenuës pour
deuëment signifiées, & qu'aux coppies collationnées par
vn de nos amez & feaux Conseillers Secretaires, foy soit
adioustée comme à l'original. MANDONS en outre au
premier nostre Huissier, ou Sergent sur ce requis, faire
pour l'execution des presentes tous exploits necessaires, non-
obstant Clameur de Haro, Chartre Normande prise à
partie, & toutes autres lettres à ce contraire : car tel est nostre
plaisir. Donné à Paris le 22. iour de Ianuier l'an de grace
1644. Et de nostre Regne le premier. Signé
　　Par le Roy en son Conseil, VABOIS.

Les Exemplaires ont esté fournis.

Le Sieur Corneille a cedé son Priuilege à Antoine de Sommauille
　& Augustin Courbé, Marchands Libraires à Paris, selon l'accord
　fait entr'eux.
Acheué d'Imprimer pour la premiere fois le 16. Feurier 1644.